U0820276

广东外语外贸大学校级出版基金资助项目

广东省普通高校人文社会科学“十一五”规划研究项目（06ZD63009）最终研究成果之一

产业集群、区域创新体系与广东经济发展

余鹏翼◎著

CHANYE JIQUN QUYU CHUANGXIN TIXI
YU GUANGDONG JINGJI FAZHAN

暨南大學出版社
JINAN UNIVERSITY PRESS

中国·广州

图书在版编目（CIP）数据

产业集群、区域创新体系与广东经济发展/余鹏翼著．—广州：暨南大学出版社，2013.7
ISBN 978－7－5668－0621－5

Ⅰ.①产…　Ⅱ.①余…　Ⅲ.①产业经济—区域经济发展—研究—广东省　Ⅳ.①F127.65

中国版本图书馆 CIP 数据核字（2013）第 119458 号

出版发行：暨南大学出版社

地　址：中国广州暨南大学
电　话：总编室（8620）85221601
营销部（8620）85225284　85228291　85228292（邮购）
传　真：（8620）85221583（办公室）　85223774（营销部）
邮　编：510630
网　址：http：//www.jnupress.com　http：//press.jnu.edu.cn

排　版：广州市天河星辰文化发展部照排中心
印　刷：佛山市浩文彩色印刷有限公司

开　本：890mm×1240mm　1/32
印　张：6.375
字　数：166 千
版　次：2013 年 7 月第 1 版
印　次：2013 年 7 月第 1 次
印　数：1—1000 册

定　价：20.00 元

（暨大版图书如有印装质量问题，请与出版社总编室联系调换）

目　录

第一章　绪　论

在经济全球化背景下，产业集群成为区域国际竞争力的重要来源。知识经济时代产业集群竞争力的来源，正在从基于外部规模经济和外部范围经济的传统聚集经济，转向基于技术创新的新型聚集经济。技术创新能力不足是珠江三角洲乃至中国产业集群发展中面临的瓶颈。综合产业集群理论与区域创新系统理论，构建基于产业集群的区域创新系统，以提升产业集群竞争力，进而提高区域竞争力，是新形势下区域经济发展的重要选题。

第一节　问题的提出

当前有两大趋势对区域经济发展影响重大，一是经济的全球化，二是新科技革命不断推进引致的知识经济的来临。经济全球化的深化使得生产要素在全球范围内流动，从而实现生产资源的优化配置。在这一过程中，优势区域崛起，在国际竞争中赢得胜利。而支撑这些优势区域崛起的往往是区域内以产业集群形式集聚的产业。新科技革命的不断推进及其成果的产业化，使得技术创新成为竞争力的重要源泉。优势区域中的产业集群要形成并保持强劲的国际竞争力，就必须强化技术创新，并提高集群的创新能力。产业集群的创新能力除了与集群内企业和机构的创新能力相关外，还与集群内企业和机构之间的联系、集群所在区域的创新环境（即区域创新系统）紧密相关。因此，以提高产业集群的创新能力进而提高产业集群竞争力促进产业集群发展为直接目标，以通过产业集群发展增强区域竞争力、在国际竞争中赢得胜利为最终目标来构建区域创新系统，成为经济全球化背景下区域经济发展的新理念、新策略。

一、经济全球化背景下区域的崛起

经济全球化的浪潮迅速推进，已经成为一种不可回避的趋势。根据经济合作与发展组织（简称“经合组织”，英文简写为“OECD”）的定义，经济全球化是指“在货物及劳务贸易、资本流动和技术转移与扩散的基础上，不同国家市场和生产之间的依赖程度不断加深的动态过程”，即生产要素在全球范围内广泛流动，以实现资源最佳配置的过程。

新科技革命自20世纪70年代以后进入产业化阶段，并于20世纪90年代以后进入产业化加速阶段。信息技术及其产业的形成，使得整个社会经济的模式发生了变化；信息社会的来临，使得信息的流动更加便捷、快速。

从理论上讲，经济全球化的推进和科技的进步会削弱区位对产业布局的影响，使得生产要素或资源的空间聚集的重要性下降，有利于实现经济活动空间分布的均衡化（Bills，1991）。迪肯曾指出，影响经济生产和信息流动的技术的变化，是决定一个国家或地区发展的基本要素（Dicken，1997）。技术的迅猛发展，尤其是交通和通信方面技术的进步，使许多生产要素失去了区位的垄断性（以前缺乏某种地域性非常强的生产要素的区域，现在可以通过输送或替代来解决），生产活动可以在更大的范围内进行区位选择；信息技术的进步和网络安全性能的提高，使国际金融、国际贸易以及投资能够在全球范围内迅速完成，为生产的全球化提供可能；而标准化生产技术的提高，可以减少生产活动对本地特殊技能的依赖；随着生产工艺的进步和生产模式的改变（从福特制向后福特制的发展），客观上企业的生产环节具有更大的可分性，而出于资金的节省、劳动力的富余和囊括产业环节过多的风险的降低，主观上企业也会通过转包、全球采购和转移部分生产环节等渠道实现投资效益的最大化。

但现实并非如此理想，经济全球化并没有使经济活动在空间分布上趋于均衡；相反，经济分布的地理集中程度越来越高，无论是在全球范围内还是在一国范围内，区域间发展都呈现出高度的不均衡状态。如在 20 世纪 70 年代末至 80 年代初的世界性经济危机中，在大部分区域经济衰退的同时，欧洲和北美少数几个地区的经济发展依然保持平稳，甚至继续增长，其中最为突出的是美国的硅谷、意大利的中部和东北部地区。

二、产业集群与区域竞争力

在分析经济全球化深化过程中区域凸显这一表面上矛盾的现象背后的原因时，人们注意到产业集群是导致这一现象出现的重要原因。在经济全球化过程中，呈现出旺盛活力的区域大多是产业集群发达的区域。20 世纪 70 年代至 80 年代的美国硅谷、意大利的中部和东北部地区如此，21 世纪初中国的长三角和珠三角区域也是如此。2005 年，美国《商业周刊》为了探究“中国制造”为何物美价廉、具有强大国际竞争力，派遣其亚洲问题专家和驻北京首席记者进行严肃认真的调查，最后得出的结论是：中国产品拥有巨大竞争力的原因在于，“中国经济规模极为庞大，在供应方面的资源非常丰富，能够使你非常方便地从数百家厂商那里买到你所需的零部件和原材料”。长三角和珠三角区域产业集群内完善的生产供应链是这些区域国际竞争力的重要源泉。以服装业为例，在纺织业发达的珠三角或长三角区域半径50公里以内，纽扣、纱线等各种配套都能完成，可在短时间内完成大量订单。因此，是产业集群造就了中国竞争力。

一般来说，产业集群形成后会出现一种集群效应，可以通过多种途径提升集群内企业的竞争力，并形成一种集群竞争力，提升所在区域的竞争力。产业集群的集群效应主要表现为三个方面：一是集群的聚集经济效应，这是一种外部规模经济效应和外部范围经济效应，集群内企业通过共享各种基础设施、市场网络、信息和人力资源，节约生产成本，提高生产效率。二是集群的网络效应，包括建立在社会关系基础上的信用网络和在专业化分工协作基础上建立起来的生产网络。社会信用网络的建立和共同的文化背景积累起来的社会资本，促进了集群内企业的分工与协作，降低了交易费用，导致了企业在空间上的聚集。在专业化分工协作的基础上，集群中的企业和相关机构共同构成的机构完善、功能齐全的生产、销售、服务、信息网络，是社会化的市场组织网络或地方产业配套体系。通过这种地方配套网络体系，企业能及时、便捷地获得所需的原料和零部件，并及时将自己的产品供给客户。显然，这种完善的地方产业配套体系，对减少不确定性、降低信息搜寻和交易的费用、提高生产效率，都是至关重要的。三是集群的技术创新效应，即产业集群内形成的创新网络和知识外溢共同激励企业的技术创新活动，提高技术创新的效率和能力，从而增强产业集群内单个企业及集群整体的竞争力。此外，产业集群是区域品牌形成的基础，区域品牌的形成也是区域整体竞争力的重要体现。

产业集群的这些集群效应使得产业集群所在区域成为集群核心

产业和相关产业的优势区位，吸引流动着的经济资源向这一区域集聚，实现区域经济规模的扩张。更为重要的是，产业集群通过提升集群内企业的竞争力，促使企业之间相互合作，从而提升整个产业的竞争力，进而提升整个区域的竞争力。

三、技术创新与产业集群竞争力

在看到产业集群造就中国竞争力的同时，要注意到一个不可忽视的现实——我国的产业集群优势主要来源于完善供应链的网络效应和产业集聚带来的集聚经济效应，产业集群造就的竞争力主要体现为价格竞争力，它是建立在低成本基础上的，而产业集群技术创新不足、技术创新能力不强、专业技术人才等高级要素供给不足，是我国产业集群发展无法回避的矛盾。抽样调查表明，珠三角地区可自主研发的企业所占的比例还不到40%，多数企业没有核心技术，自主研发能力弱。同时，高素质的专业技术人才和经营管理人才太少，导致企业缺乏自主技术创新的人才基础；企业员工素质普遍较低，多数人只有初中以下的文化程度，导致企业缺乏自主技术创新的劳动力技能基础。①

随着经济的发展，我们所面临的发展环境已经发生了变化。在国内，我们正在告别低成本时代，进入高成本时代，集群的低成本优势难以为继。这是因为，随着经济的发展，我国的劳动力成本在上升，土地价格在上涨，生产资料成本在抬升。在国际上，我们正在从贸易的迅速扩张期进入贸易摩擦的多发期，反倾销、特保条款等强烈抑制了我们建立在低成本基础上的强劲国际竞争力。国内的高成本时代的来临将对产业集群的成本优势产生重大的影响，国际

① 吴勤堂．当前我国产业集群发展中出现的新问题［J］．宏观经济研究，2005（1）．

上日益激烈的贸易摩擦虽然是我国对外贸易发展到现阶段的一种常态，但也对我国产业集群的发展形成了严重的冲击。内外夹击下的我国产业集群需要的是竞争策略的转变，即从低成本集群转向创新集群。这是因为，根据波特的竞争优势理论，竞争优势分为低层次优势和高层次优势。低层次优势是指建立在廉价的劳动成本和便宜的原料基础上的竞争优势，是一种成本优势。低层次优势很容易被模仿取代，因为竞争者可以寻找新的廉价生产环境和资源来复制这类竞争优势，或直接以投资的形式进入而取得竞争优势，这在经济全球化时代尤其明显。高层次优势是指建立在高级要素基础上的、以技术优势为重要载体的竞争优势，是一种产品差异化优势，是比较稳固牢靠的竞争优势。① 在内外夹击下，我国产业集群建立在低成本基础上的竞争优势面临着国内成本上升和其他低成本的国家或地区崛起及跨国公司进入的威胁，急需突破技术、人才的约束，实现从低成本集群向创新集群的转变，这样才能建立起高层次竞争优势，实现产业集群的升级和区域经济的持续稳定增长。

总之，要适应国内外经济环境的变化，实现经济的持续发展，就必须在大力培育高新技术产业集群的同时，强化传统优势产业集群的技术创新，实现从低成本集群向创新型集群的转变。从成本优势转向技术优势，是高成本时代中国产业集群的必然选择。

四、基于产业集群的区域创新系统

企业的技术创新活动既取决于企业内的技术创新资源与组织，也深受企业外的创新资源、环境等的影响。产业集群内创新主体的创新能力，创新主体之间的互动机制与创新网络的结构和效率，以

① ［美］迈克尔·波特．国家竞争优势［M］．李明轩，邱如美译．北京：华夏出版社，2002.

及创新环境的支撑等，对产业集群的形成和发展意义重大。产业集群的形成与升级需要技术创新网络的支撑，产业集群技术创新网络的形成有赖于区域创新系统的设计与支持，因此，围绕产业集群构筑区域创新系统，培育新的产业集群，促进产业集群持续稳定发展，成为新形势下区域创新政策的重要视点，也是本项目研究的目的所在。

第二节 国内外研究现状

围绕产业集群发展构筑区域创新系统，需要以产业集群的形成机制、生命周期等产业集群理论，创新集群和集群式创新、合作创新等技术创新理论，创新网络、区域创新系统等创新系统理论为基础，结合具体区域的具体情况来完成。因此，相关的产业集群、区域创新系统理论，以及产业集群与区域创新系统理论的关系及互动机制理论，是开展这一问题研究的理论基础，国内外该领域研究中存在的不足是本项目研究的起点。

一、国内外产业集群研究的进展

一般认为，马歇尔（Alfred Mashall，1890）对外部经济和产业区（Industrial District，ID）的研究是人类对产业集群最早的研究。在20世纪70年代，对产业集群的研究伴随着对经济全球化背景下新产业区（New Industrial District，NID）的认识和研究而重新兴起，20世纪90年代以后，由波特（Porter，1990）的产业集群（Industrial Cluster）理论而进入研究的高潮。

马歇尔[①]从外部经济的角度着重探讨了企业集聚的原因和机理，认为是专门人才、专门机械、原材料提供和技术扩散等形成的“外部经济”导致企业的地理集中和相互依赖。

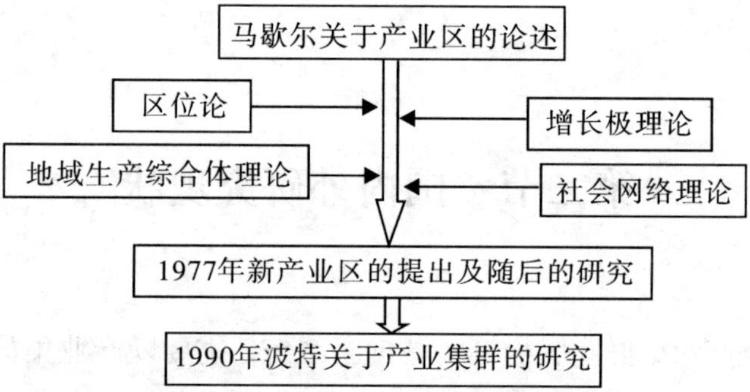

图1－1　产业集群研究进展示意图

在马歇尔关于产业区的论述以后，西方经济学主流对经济的空间问题并不重视，因此，在西方经济学的主流中并没有太多关于产业区的后续研究；相反，经济地理学、发展经济学、区域经济学、社会经济学等不同学科的研究，对后来产业集群理论的发展作出了贡献。

韦伯（Alfred Weber，1909）在《工业区位论》[②] 中关于聚集因素和工业聚集的论述是继马歇尔之后在产业集群领域的重要贡献，重点仍在论述企业集聚的原因和机理。但韦伯与马歇尔研究的角度不同。马歇尔是从新古典经济学的角度，通过研究工业组织，表明企业为追求规模的好处而自发集聚，是产业集群研究的主流经济学

① ［英］马歇尔．经济学原理（上卷）［M］．朱志泰译．北京：商务印书馆，1964.
② ［德］阿尔弗雷德·韦伯．工业区位论［M］．李刚剑等译．北京：商务印书馆，1997.

派的起始。韦伯是从工业区位选择的角度，阐明了企业是否形成集群取决于集聚的好处与成本的对比，是产业集群研究中区域经济学和经济地理学派的起始。

苏联的经济地理学家和区域经济学家提出的在区域规划实践基础上发展起来的地域生产综合体理论，从产业关联与产业地域结构的角度阐述的地域生产综合体的形成机理，以及战后兴起的发展经济学中增长极理论关于产业的空间聚集与扩散的内容等，都从产业聚集机制的角度对产业集群理论的形成作出了贡献。而新制度经济学的交易费用理论则从交易费用的角度提出了产业聚集机制，对产业集群理论发展作出了贡献。

起源于 20 世纪 70 年代、由意大利社会学家（Bagnasco，1977）开始的新产业区研究，在重拾马歇尔产业区理论的基础上，对由大量专业化的中小企业集聚发展起来的产业区进行了深入的研究。而波特从经济全球化背景下的国际竞争和战略管理角度提出的产业集群概念及相关的理论分析框架（钻石理论，Diamond Theory），掀起了新时期产业集群的研究高潮。[①] 此后，不同学科的学者从不同的角度对产业集群进行了研究，促成了产业集群研究的繁荣。

国内关于产业集群的研究始于 20 世纪 90 年代初，进入新世纪后产业集群成为区域研究和创新研究的一大热点。在众多的研究产业集群的学者中，北京大学王缉慈教授是国内产业集群问题研究的开创者和主要代表人物。在研究高新技术产业空间和区域创新网络与环境的基础上，王缉慈教授开始了产业集群的研究，并在 2001 年出版了专著《创新的空间——企业集群与区域发展》（北京大学出版社，2001 年），在 2003 年 4 月开通了地方产业集群研究网（http：//www. clusterstudy. com）。以王缉慈教授为代表的产业集群研究

① ［英］迈克尔·波特．国家竞争优势［M］．李明轩，邱如美译．北京：华夏出版社，2002.

主要是从产业的空间组织角度展开的。进入新世纪后，在学习国外产业集群理论的基础上，国内的产业集群研究也呈现出不同角度同时展开的局面，产业集群研究成为经济管理领域的研究热点。

由于产业集群的研究涉及不同的学科，不同学科的学者从不同的视角开展产业集群的理论研究，从而形成了产业集群研究的不同流派，概括起来有主流经济学流派、技术创新学流派、社会经济学流派、区域经济学与经济地理学流派。主要的研究领域包括产业集群基本问题（概念、分类、产业集群与区域经济发展的关系）研究、产业集群形成机制研究、产业集群实证分析与政策研究等。

关于产业集群基本问题的研究虽仍有争论，但基本上已经形成共识，具体的概念、分类等需要根据研究的对象、目的进行约定。产业集群的定义及其分类是国内外产业集群研究的基本理论问题，不同的流派有不同的说法。在国内外众多学者提出的产业集群及其相关的概念中①，得到广泛承认的是波特提出的概念。关于产业集群的分类，国内学者的观点也很多（孙伟，黄鲁成，2003；陈剑锋，唐振鹏，2002），这是正常现象，因为产业本身就是一种集合体，产业的分类是根据研究的具体目的进行的。与此相对应，出于不同目的和不同研究背景进行的产业集群分类也视研究的具体目的而定。对于产业集群与区域经济发展关系的研究主要集中在产业集群与区域竞争力的关系上，得出的共识是产业集群是提升区域竞争力的重要载体，并已深化到对产业集群与集群内企业绩效的研究（Catherine Beaudre&Peter Swann，2001），以及产业集群与区域经济增长的定量研究上，如 Philippe Martin 和 Oianmarco I. P. Ottaviano （2001）建立的经济增长和经济活动的空间集聚自我强化的模型等。

对于产业集群的形成机制，各个流派从不同角度作了深入的了

① 孙伟，黄鲁成．产业群的相关概念与分类［J］．科研管理，2003（2）.

解，随着科技在经济发展中的作用日益增强，产业集群形成机制中的技术创新效应研究需要进一步加强。对产业集群形成机制的研究是产业集群研究中最为活跃的部分，不同流派的研究侧重点各不相同，但也相互交叉。主流经济学流派对外部经济效应的研究，技术创新学派对技术创新效应的研究，社会经济学派对交易费用理论的研究，区域经济学和新经济地理学派对产业关联和空间聚集因素的研究等，都已比较深入、成熟，从不同角度揭示了产业集群的形成机制，为产业集群的进一步研究提供了理论基础。值得关注的是，随着科技在经济发展中的作用日益增强，产业集群形成机制中技术创新的作用在增强，对产业集群技术创新的研究需要从产业集群技术创新效应（刘清华，吴晓波，2002；刘友金，2002；符正平，2002），即产业集群与技术创新的关系，进一步深入到产业集群内部技术创新规律、产业集群技术创新能力提升、产业集群创新系统构建等层面，从而为提升产业集群的技术创新能力进而提升产业集群竞争力提供理论支持。这也包括对知识经济背景下创新型集群的研究，目前在国外，这方面的研究仍处在起步阶段（Pim Den Hertog，Edward M. Bergman & David Charles，2001；OECD，2002）。

虽然对于产业集群的实证与政策研究得到了广泛的重视，但研究的深度不足。国外产业集群研究相当重视实证分析，已有不少成果，如萨克森宁（Saxsonlan，1994）对于美国硅谷与128号高速公路地区的对比研究，Peter Knorringa 等对发展中国家产业集群的研究及产业集群的分类，Shohei Kaibori 对日本产业集群的研究，Michael Pender（1997）对澳大利亚产业集群政策的研究，Khalid Nadvi 和 Gerhard Halder（2002）对巴基斯坦的锡亚尔科特和德国的图特林根

（Tuttlingen）的外科器械集群的实证分析①；相对来说，国内的实证分析稍为薄弱，但近年来也有一些成果，主要集中在对高新区高新技术产业集群和一些典型的传统产业集群的实证分析上，如王缉慈教授等对广州服装产业集群和广东东莞产业集群的实证分析②，胡晓玉关于浙江省产业集群的实证分析③，刘艳等对南京产业集群的实证分析④，谢张军等关于产业集群机制与高新园区发展的研究⑤，张国安关于中国武汉光谷的实证分析⑥，尹建华等关于高新技术产业集群的研究等⑦。在理论研究和实证分析的基础上开展产业集群发展战略研究和政策设计，是近几年来国内外产业集群研究新的关注点（王缉慈，2003；魏守华，2003）。

2003 年 1 月 10 日，来自世界各地的 150 多名学者在丹麦进行欧洲集群政策研讨会，就集群政策如何从竞争力政策和增长政策中汲取经验，以及作为增长工具的集群政策如何在未来起作用等问题进行了讨论。世界银行、OECD 等组织已经开始了发展中国家集群研究，并积极推行由产业政策向区域集群政策的转变。国家发展与改革委员会也在积极组织专家进行中小企业集群政策研究。在我国学者的积极推动下，科技部、国家发展与改革委员会、国务院发展研究中心已在积极准备政策研究。未来的国内产业集群研究的重点是：

---

① Khalid Nadvi，Gerhard Halder. The Dynamics of Inter-linked Clusters：The Surgical Instrument Sector of Sialkot，Pakistan and Tuttlingen，Germany. draft：submitted to IDS working paper series，2002.

② 童昕，王缉慈．东莞 PC 相关制造业地方产业群的发展演变［J］．地理学报，2001（6）．

③ 胡晓玉．透视浙江产业集群［J］．中国经济信息，2002（10）．

④ 刘艳，刘东．关于发展南京产业集群的研究［J］．南京社会科学，2002（S1）．

⑤ 谢张军，黄凯．产业集群机制缺失与高新区发展［J］．中国科技产业，2002（6）．

⑥ 张国安．基于产业集群理论的高新园区发展研究——中国光谷的发展思考［J］．科研管理，2002（5）．

⑦ 尹建华，苏敬勤．高新技术产业集群化与协同管理研究［J］．科学学与科学技术管理，2002（9）．

在深入理论研究的基础上，加强产业集群理论的本土化研究，从对国外产业集群的理论、政策等的介绍为主，逐渐转变为在学习国外产业集群理论、借鉴国外产业集群政策的基础上，研究本国的产业集群特点、机制，并制定相应的产业集群战略与政策。

二、国内外区域创新系统研究的进展

关于创新系统的研究是技术创新研究发展到一定阶段的产物，创新系统的研究始于国家创新系统，后由国家创新系统向国家内部区域的区域创新系统拓展。

国家创新系统概念出现在 20 世纪 80 年代，是技术创新研究的产物。在熊彼特（J. A. Schumpeter）提出创新理论的 30 年后，随着技术在经济发展中的作用增强，技术创新的研究得以兴起。20 世纪 50 年代以后的技术创新研究分为两大方向：一是关于技术在经济增长和发展中的作用的研究，称为技术创新的新古典学派；二是关于科技进步与经济结合的方式、途径、机制以及影响因素等的研究，称为技术创新的新熊彼特学派。新熊彼特学派在研究企业创新过程模式的基础上，提出企业的技术过程不仅是企业内部一体化的职能交叉过程，而且是多机构系统集成网络联结的过程，从而开始了技术创新研究从企业内部的研究向企业外部的区域、国家研究的拓展。① 1987 年，克利斯·弗里曼在研究日本经济增长和技术追赶成功的原因后提出了国家创新系统的概念及相关的理论。② 进入 20 世纪 90 年代以后，西方学者从不同角度开展了对国家创新系统的研

① ［英］克利斯·弗里曼，罗克·苏特．工业创新经济学［M］．华宏勋，华宏慈等译．北京：北京大学出版社，2004.

② Freeman. C. *Technology Policy and Economic Performance*：*Lessons from Japan*. London：Pinter，1987.

究，在促进国家创新系统理论发展的同时，形成了不同的流派，主要有以弗里曼、纳尔逊、佩特尔（Patel）和帕维蒂（Pavltt）等为代表的国家创新系统理论的宏观学派，以本特阿克·伦德瓦尔为代表的国家创新系统理论的微观学派，以迈克尔·波特为代表的国家创新系统理论的国际学派。而 OECD 关于国家创新系统理论的研究进一步推进了国家创新系统研究，以及国家创新系统概念、理论在各国的传播。同时，随着经济全球化的推进和经济全球化过程中区域的凸显，创新系统的研究深入到超国家层次和国家内部的区域层次。区域创新系统是加强和巩固国家创新系统的基础，并对区域内的产业集群产生深刻影响。①

此外，20 世纪 80 年代后期、90 年代初期的一些文献曾提到“区域创新政策”（Antonelli & Momigliano，1981；Cooke，1985）、“区域创新环境”（Aydalot，1986；Maillat & Vasserot，1986；Maillat，1991）、“区域技术政策”（Rothwell & Dodgson，1991）、“区域创新潜力”（Meyer-Krahmer，1985）、“区域创新网络”（Camagnl，1991）和“高科技组合”、“技术中心”和“新技术产业”等概念与术语。②

区域创新系统概念出现于 20 世纪 90 年代初。根据检索到的国际文献，英国的库克教授最早提出区域创新系统概念，并对此进行了理论与实证研究，从系统演化和区域创新组织与机构的角度对区域创新系统进行了深入探讨。其他学者从不同侧面对区域创新系统进行了研究，如卡尔森（B. Carlsson，1999）等指出区域创新系统的重要分类形式；卡西奥拉托（Cassiolato，1999）在对拉丁美洲国家创新系统的研究中论述了国家、区域、地方创新系统的关系。更多

① ［英］克利斯·弗里曼，罗克·苏特．工业创新经济学［M］．华宏勋，华宏慈等译．北京：北京大学出版社，2004.

② 尚勇，朱传柏等．区域创新系统的理论与实践［M］．北京：中国经济出版社，1999.

的学者在研究具体对象区域发展的过程中，将研究对象看作一个区域创新系统，如阿施姆和邓福德（Asheim & Dunford，1997）对欧洲区域未来发展的研究，马斯特里赫特大学创新与技术经济研究所（MERIT，1998）对欧洲区域创新战略的研究，萨克森宁（Saxsonlan，1994）对美国硅谷和128号高速公路地区的研究，哈森克（Hassink，1992）对巴登—符腾堡及英格兰东北部的研究，考里根（Corrigan，1992）对莱茵—阿尔卑斯地区的研究等①。

目前，国外关于区域创新系统研究的领域主要包括：

（1）区域创新环境的研究。包括：对不同层次的区域创新环境的研究，对区域创新环境动态过程的研究（如：Gansey，1998；Damanpour & Gopalakrishnan，1998；Li Yuan，1999），对创新环境与区域内企业相互作用问题的研究，以及对区域整体创新环境优化的研究。

（2）区域创新系统组织结构、功能与创新过程的研究。组织结构研究是区域创新系统研究的核心内容之一，这一领域的研究主要是借用国家创新系统研究的成果，近期研究的主要内容包括：区域创新要素（主体）的研究（弗里曼、德瓦尔、威特等的研究），区域创新系统要素关联形式的研究（伦德瓦尔、帕威特、OECD的研究），要素之间相互作用的研究，以及组织结构整体变动的研究等。

（3）区域创新系统能力的研究。包括对区域创新潜在能力的分析，对区域创新实力的定量分析与比较研究，以及对增强区域创新能力的对策研究（Lawson & Lorenz，1999）等。

（4）区域创新过程的研究。包括：对区域创新运行机制的研究（即关于区域内部学习机制的研究），对区域创新模式的研究，以及对区域创新演化过程的研究。

① 刘曙光，徐树建．区域创新系统研究的国际进展综述［J］．中国科技论坛，2002（5）．

（5）区域创新系统空间结构的研究。包括：对区域创新空间网络的研究，对区域创新集群的研究，以及对创新区域差异和空间扩散的研究。

国内关于区域创新系统的研究始于20世纪90年代后期，是国家创新系统理论研究的深入和各地建设区域创新系统实践的总结，主要集中在区域创新系统的概念、区域创新系统的要素（主体）及其职能、区域创新系统的网络及其要素之间的相互联系，以及具体区域创新系统的实证分析上。国内区域创新系统的研究历程如下：

（1）国内关于国家创新系统的研究始于20世纪90年代中期，最早关于国家创新系统的一篇文章是陈劲于1994年发表在《自然辩证法通讯》（1994年第6期）上的《国家创新系统：对实施科技发展道路的新探索》，以介绍国外的国家创新系统的理论为起点。

（2）国家创新系统研究成为技术创新研究的一个热点始于90年代后期，但多为引入性的研究。从1999年开始，不仅关于国家创新系统研究的文章迅速增多，还出版了不少以国家创新系统为主题的专著，如冯之浚的《国家创新系统的理论和实践》、李正风等的《中国创新系统研究——技术、制度与知识》和《世界各国创新系统——知识的生产、扩散与利用》、刘洪涛等的《国家创新系统（NIS）理论与中国的实践》等。

（3）在国家创新系统研究及国家启动知识创新工程的推动下，国内兴起了区域创新系统研究及建设区域创新系统的实践。1999年出现了关于区域创新系统的论文和一些专著，如胡志坚的《关于区域创新系统研究》，盖文启、王缉慈的《论区域的创新模式及其创新网络》，尚勇等的《区域创新系统的理论与实践》。

（4）在制定科技发展“十五”、“十一五”规划的推动下，各地围绕着建设区域创新系统开展了相关的研究，先后有陕西省、河南省、江苏省、上海市、北京市等提出和研究了如何建立适宜于本区域创新系统的问题。①

应当说，通过这几年的研究和实践，国内对于区域创新系统的概念、组成要素、系统结构与功能等方面的认知已比较成熟，各地开展的建设区域创新系统的实践也取得了较好的成效，但在区域创新系统内部网络及其机制的研究、区域创新系统建设与区域产业发展的协同研究、区域创新系统与区域政策的协调等方面，还是比较薄弱的。

综上所述，国内外关于区域创新系统的研究，在注意到区域创新系统建设对提升区域创新能力，进而提高区域经济竞争力以促进区域经济发展的重要作用后，便在理论上侧重于研究区域创新系统的结构、功能，在实践上侧重于创新主体的培育，尤其是创新机构的建设。这在中国突出表现为企业技术创新机构的建设与对作为技术创新主体的企业的培育，科研院所与高校的重新定位和能力建设，以及改革科技体制以实现科技与经济的对接，简而言之，即重点关注区域创新系统中创新主体的培育及创新主体之间互动关系的建立，还没有对处于企业和区域之间的产业集群这一层次的创新网络建设给予足够的重视。

三、产业集群与区域创新系统结合的研究

20 世纪 90 年代以来，随着产业集群聚集机制研究中技术创新效应研究的深入和创新系统研究，尤其是国家创新系统研究的深入与区域创新系统研究的兴起，在创新系统这个环节上，产业集群研究与区域创新系统研究开始出现交叉与重合。

在国外，OECD 的国家创新系统研究项目在产业集群的技术创

① 资料来源于"构建黑龙江省创新体系的研究"课题（2000 年）研究报告，"构建黑龙江省创新体系的研究"课题组组长为黄鲁成。

新效应和产业集群创新系统研究领域做了大量的工作，形成了许多有价值的研究成果。

OECD 对产业集群创新问题的研究是其国家创新系统研究的深入。在认识到国家创新系统对促进创新和经济发展的作用后，OECD 组织技术创新领域的专家组成了国家创新研究项目组（National Systems of Innovation Project），开展国家创新系统的系列研究。该项目的第一阶段研究重点是剖析国家层面创新系统中知识的配置，评价国家创新系统内部知识的流动和创新主体之间的相互作用等。第二阶段的研究则是分五个专题进行深入的研究，其中之一就是产业集群创新系统的研究，并为此组织了产业集群分析与产业集群政策课题组（The Focus Groups on Cluster Analysis and Cluster-based Policy, CACP）。

CACP 的研究也分两个阶段。第一阶段的研究重点是集群的技术创新行为或技术创新效应，研究成果主要体现在 1999 年出版的 *Boosting Innovation*：*The Cluster Approach* 一书中，包括提出价值链集群概念（Value-chain Cluster），指出创新网络及网络中的互动对创新具有十分重要的作用，从创新的角度重新将集群定义为创新系统或区域创新系统。第二阶段的研究重点转向创新集群与集群政策的研究，研究成果主要体现在 2001 年出版的 *Innovative Clusters*：*Drivers of National Innovation Systems* 一书中。在该书中，集群被认为是简化了的国家创新系统（Reduced-form National Innovation Systems, Reduced-NIS），并对简化了的国家创新系统的产业集群与国家创新系统的关系进行阐述，认为国家经济由各种产业集群组成，产业集群的创新特征影响甚至决定了国家创新系统的特征，国家创新系统如何整合创新集群是一个值得深入研究的课题。该书同时也提到，对于一个大国来说，区域创新系统也是一种简化（缩小）了的国家创新系统，这种简化包括地域空间的缩小和政策的相对独立；相对于国家创新系统而言，区域创新政策对集群创新来说意义更加重大，如在美国，几乎所有的集群创新政策都是在州和区域层面上制定的。区域由更小的地方化产业集群组成，区域创新系统概念往往与产业区、地方集群概念相联系。

在 OECD 的国家创新系统和产业集群创新系统研究之外，产业集群与区域创新研究的结合集中体现在对区域创新空间网络的研究、对区域创新集群的研究等方面。以波特（Porter，1990）、阿歇姆（Asheim，2002）、托林和考夫曼（Todtling & Kaufman，1999）等为代表的研究成果体现了这种结合。他们对区域创新空间网络和区域创新集群的研究，主要是从知识传播、技术转移、学习机制等角度，研究区域创新系统各要素的互动关系，以及知识传播和技术转移的途径与渠道等问题，与产业集群的形成机制研究相交叉。

另外，还有学者将国家创新系统和区域创新系统的方法用于解释产业集群内的技术创新。如拉丁美洲的一些学者（Cassiolato & Lastres，1999；2001）将创新系统方法应用于地方生产系统的研究中。他们描述了不同的地方创新系统，这些地方创新系统由私人和组织主体参与学习过程和企业的技术变革过程。他们对企业水平的创新与学习的来源以及它们之间的相互关联作了经验性分析。但也有学者持相反的观点，如伦德瓦尔等认为，国家创新系统或区域创新系统不是一种有解释力的理论，它在多大程度上可解释集群内知识的流动与创新机制，还是一个不确定的问题（Lundvall et. al.，2002）。[①] 也有学者（Mytelka，2000）认为，这种方法可能是有用的，可以作为一种可供选择的政策工具，但它尚处于起步研究阶段，

① Lundvall B-A. National Systems of Production，Innovation and Competence Building [J]. *Research Policy*，2002，31 (2).

还没有清楚地显示出系统的不同成分与创新能力之间的因果关系。[①]

国内学者在对国家创新系统的研究中注意到了产业集群创新问题，他们在产业集群技术创新效应研究的基础上，进一步深入到产业集群技术创新模式等的研究，并在研究中注意到了产业集群技术创新对区域创新网络的依赖性，在区域创新系统研究的基础上进一步开展了集群创新系统的研究，但还没有开展关于两者关系及其共生机制等问题的研究。

在20世纪90年代末，国内学者在研究国家创新系统时就注意到了产业集群问题。如苏靖在分析国家创新系统的研究方法时，提出应该从产业群的角度勾画出国家创新系统的技术、产业群的轮廓。[②] 胡志坚于2000年在其著作《国家创新系统——理论分析与国际比较》中，分析了产业集群与企业技术创新之间的关系，把产业集群置于国家创新系统之中（从结构层次来看，产业集群处于国家创新系统与企业之间的中观层次），探讨了不同类型的产业集群及其创新模式。

在产业集群技术创新效应研究的基础上开展产业集群技术创新模式等研究的学者很多，其中，罗炜关于企业合作创新理论的研究和刘友金等关于中小企业集群式创新的研究具有重要意义。罗炜的《企业合作创新理论研究》一书对企业合作创新的内在机理、合作创新的组织模式、合作创新系统等的阐述，为产业集群创新模式研究提供了重要的理论基础。刘友金的《中小企业集群式创新》一书则以产业集群的创新模式为研究对象，提出集群式创新概念，并对集群式创新的内涵、组织形式和发展机理进行剖析，是产业集群创新

① 李琳，袁灵．产业集群中的知识流动与创新机制研究述评［J］．社会科学家，2004（5）：83.

② 苏靖．关于国家创新系统的基本理论、知识流动和研究方法［J］．中国软科学，1999（1）.

模式研究领域的重要成果。此外，还有不少学者从网络结构的角度对产业集群的网络结构及其创新机制进行了研究（雷如桥，2004），为产业集群创新网络和创新系统的研究提供了重要基础。

国内学者中对集群创新系统进行系统研究的有浙江大学管理学院魏江教授，其《产业集群——创新系统与技术学习》一书系统地提出了集群创新系统的概念，并对集群创新系统的构成要素、结构，以及集群创新系统与企业创新系统、国家创新系统的关系进行了分析与阐述。

2003 年以后，受国家科技部软科学项目的引导，基于产业集群的区域创新系统或构建促进产业集群发展的区域创新系统成为研究的热点，并已形成了一些研究成果。哈尔滨商业大学经济学教授陈柳钦等人以产业集群与区域创新系统的内涵为基点，对产业集群与区域创新系统的关联性、基于产业集群的区域创新系统的构建模式，以及基于产业集群的区域创新系统政策导向等进行了研究，提出了不少有益的观点。如产业集群与区域创新系统的关联性体现在四个方面：地域关联、结构关联、功能关联和目标关联；集群创导（cluster initiative）是构建区域创新系统的一条可行路径，应将产业集群与区域创新系统建设紧密结合起来，建立以产业集群为基础的科技创新平台；政府主导的制度创新在构建基于产业集群的区域创新系统中具有重要作用，应整合产业政策与科技政策形成区域创新政策，努力消除区域产业集群的制度壁垒，培育促进产业集聚的区域社会文化环境等。但缺乏对产业集群创新网络的深入研究，对基于产业集群的区域创新系统的模式及内部机制研究不足，从而使得提出的构建基于产业集群的区域创新系统措施也效果一般。

综合国内外关于产业集群与区域创新系统的研究，我们发现目前存在的最主要问题，一是产业集群创新系统与区域创新系统的概念界定不清，相互混淆；二是产业集群创新系统与区域创新系统的结合还停留在表面，缺乏在对两者关系及互动机制的研究基础上的内在结合，从而导致了操作层面的缺失。

四、基于产业集群的区域公共政策研究综述

以产业集群理论研究成果为基础，鉴于产业集群在提升区域竞争力中的重要作用，以培育产业集群、增强产业集群竞争力为目的的产业集群规划和政策引起了各国学界、政界的广泛关注。20 世纪 70 年代以来，很多国家的地方政府在总结国际经验的基础上，都把公共政策重点转向了促进地方产业集群的培育、发展和升级，开始了产业集群政策（cluster policy or cluster-based policy）的研究与实践。其中，OECD 大力促进成员国的产业集群规划和政策的研究与实践，联合国工业发展组织（UNIDO）、世界银行集团（WBG）力图推进产业集群规划和政策在发展中国家的实践。

在产业集群规划和政策的研究中，OECD 及其成员国的研究及实践具有很重要的借鉴意义。OECD 产业集群研究小组力图在对产业集群活动及其机制的研究基础上得到进行产业集群规划、制定产业集群政策的建议。国外还有大量的学者以不同的产业集群为案例，从不同的角度对产业集群政策进行研究与探讨，如：Ewen Peters 和 Neil Hood 对苏格兰的产业集群政策的研究，Philip Raines 对欧洲七个地区的产业集群政策的比较研究，Edward Feser 对产业集群在政策制定过程中作用的研究等。通过不断的研究与实践，在理论上，学术界对产业集群政策的作用、产业集群政策与国家及区域创新系统的关系、政府的作用与定位、产业集群规划的方法及应注意的问题等有了一些定论；在实践上，产业集群政策得到了比较广泛的认同，如在 OECD 成员国中，产业集群规划替代了过去按部门条块分割的

规划方法，成为各国公共政策的主流①，关注集群发展的学者还从各国的实践中得出了用于集群规划的指导性原则和用于集群规划的常用政策工具。② 由于规划的科学性和政策的有力支持，OECD 成员国通过实施产业集群政策促进了产业集群发展，提升了区域竞争力，令世人瞩目。③ 同时，在 OECD 的创新集群研究小组将创新集群认为是“简化了的国家创新系统”的基础上，关于创新集群的政策研究为国家创新政策研究所借鉴。但国外的产业集群规划和政策的实践又都强调，不存在适用于所有产业集群的政策，产业集群政策对每个产业集群来说都是独特的，因为不同产业集群的类型、环境、发育水平等各不相同。

联合国工业发展组织对发展中国家的政策建议则强调发展本地产业集群，并推进本地产业集群在全球价值链上向上攀升。

近年来，国外产业集群政策研究有两大特点：一是在研究方法上多从实证研究或案例研究入手，通过对一些产业集群的实证分析，在提出产业集群规划和政策的同时，归纳出相关的理论和原则；二是在研究过程中多学科的结合十分明显，其中公共政策理论和公共政策分析起了很大的指导作用。布坎南的公共选择与政府理论，诺斯的制度变迁与政府职能理论，奥斯特洛姆的多中心治理理论以及威廉·邓恩概括的基于多元操作主义、多元方法研究、多元分析综合、多变量分析、多元利益相关者分析、多角度分析以及多媒介交流的批判性复合主义的政策分析方法等，都为产业集群政策研究提供了一个跨学科的理论视角。在研究基础上出台的产业集群政策也

① Theo J. A. Roelandt, Pim Den Hertog. *Cluster Analysis & Cluster-based Policy in OECD Countries*. OECD, 1998.

② 聂鸣，李俊，骆静. OECD 国家产业集群政策分析和对我国的启示 [J]. 中国地质大学学报（社会科学版），2002 (1).

③ 邱成利. 制度创新与产业集聚的关系研究 [J]. 中国软科学，2001 (9).

更加系统化和制度化。①

近年来，国内在对产业集群的一般问题展开讨论的同时，开始了对国内一些成型产业集群的案例分析，并在探讨产业集群形成机制的同时，开始了对产业集群政策的探讨，如聂鸣等（2002）对集群规划的理论基础、规划目的以及集群政策设计原则的探讨，邱成利（2001）就制度创新对产业集群的作用机制的分析，母爱英（2003）把博弈理论运用于对制定区域经济政策的探索等，但总体上仍处在起步阶段，缺乏在深入分析本地产业集群特点的基础上制定的产业集群政策。从政策实践的层面上看，中央政府对各地集群的发展还是保持默认和不干预的态度，与集群有关的政策措施制定主体是省级以下地方政府，尤其是集群比较发达的地方政府，如广东和浙江各地的政府。但各地政府把集群当作振兴本地经济的政策工具，其主要的政策是为集群的发展提供税收和土地优惠、建设工业化基础设施等，仍处于传统的产业政策层面，虽然也出现了建设集群技术平台等措施，但总体上看，由于缺乏对集群和集群政策的深入研究，集群的政策还没有深入到与集群的动力机制、演化规律相匹配的层次。

综上所述，国内外关于产业集群的研究已开始从关于产业集群的概念、作用、形成条件和机制等一般问题的探讨进入到政策分析与制定等实践应用阶段。国外在这方面的研究已有了较多的成果，而国内的研究仍处于起步阶段。开展基于产业集群的区域创新系统和区域政策研究，对区域经济乃至整个国民经济的发展意义重大。

本项目课题组认为，随着产业集群在区域发展中作用的增强，培育、增强产业集群的竞争力已成为区域发展的重要议题。从目前国内现有的产业集群发展状况来看，产业集群多处在自发形成的过

① 刘恒江，陈继祥．国外产业集群政策研究综述［J］．外国经济与管理，2004（11）．

程之中。传统产业集群的技术创新网络缺乏有序、高效的内部知识、技术转移机制，集群内部的学习机制也相对缺乏。基于产业转移基础上的高新技术产业集群还处在产业集聚阶段，内部的联系与合作强度不足，因此，培育产业集群的创新网络是目前国内产业集群发展中的核心问题，在对产业集群深入研究的基础上制定产业集群规划和产业集群政策，是新形势下提升区域竞争力、发展区域经济的重要举措。

区域创新系统作为区域内部创新主体组成的创新网络，是产业集群创新网络的重要支撑体系。以提升区域竞争力为宗旨的区域创新系统建设，应以强化产业集群的创新网络、推进产业集群的升级和增强产业集群的竞争力为重点。围绕产业集群升级构建区域创新系统，是产业集群发达地区今后几年建设区域创新系统的重点任务，应对此进行深入的研究。

鉴于产业集群政策的非同一性，针对区域内产业集群类型、特点构建支持产业集群发展的区域创新政策，是下阶段我国产业集群研究的重要议题。正如王缉慈教授所言："我国集群研究的重点应尽早转入公共政策研究，只有这样，才能促使国家和地区关于集群发展政策的出台，更好地对我国国民经济的发展作出贡献。"在浙江、广东等产业集群发达地区开展以本地产业集群为案例的产业集群政策研究，对国内其他地区培育产业集群具有重要的借鉴意义。

第三节 研究的目标与内容

本项目以产业集群理论、创新系统理论为依据，在产业集群创新模式研究的基础上，提出基于产业集群的区域创新模型及其构建思路，并以广东省为例设计促进产业集群发展的区域创新系统及相应的区域创新政策。

一、研究的目标

鉴于产业集群已成为经济全球化背景下区域竞争的重要载体，而中国的产业集群发展面临技术创新不足的制约，本项目研究的目标，一是深入探讨产业集群技术创新规律，尤其是产业集群技术创新模式及制约产业集群技术创新的因素，完善产业集群创新系统理论，为促进产业集群技术创新提供理论指导；二是探讨产业集群创新系统与企业创新系统、区域创新系统、国家创新系统的关系，并在此基础上提出基于产业集群的区域创新系统模型，以及基于产业集群的区域创新系统的构建原则与思路，完善区域创新系统理论，提供区域创新系统建设的新思路。

本项目理论上的创新主要体现在：①完善产业集群创新系统理论，在产业集群创新模式和产业集群创新系统的构建方面提出新的见解；②完善区域创新系统理论，理顺创新系统的层次性以及各层次创新系统之间的关系，明确产业集群创新系统与区域创新系统的空间关系；③提出基于产业集群的区域创新系统模型，以及基于产业集群的区域创新系统的构建原则与思路。

本项目的实践意义在于：以上述的理论研究为指导，以广东省为案例，设计促进产业集群发展的区域创新系统及相应的区域创新政策，在促进广东省产业集群发展和区域创新系统完善的同时，为其他区域的区域创新系统建设和产业集群规划提供借鉴。

二、研究的内容

本项目以产业集群理论、创新系统理论为指导，在对产业集群形成机制、产业集群创新模式等的研究基础上，提出基于产业集群的区域创新系统模型（见图1－2）。

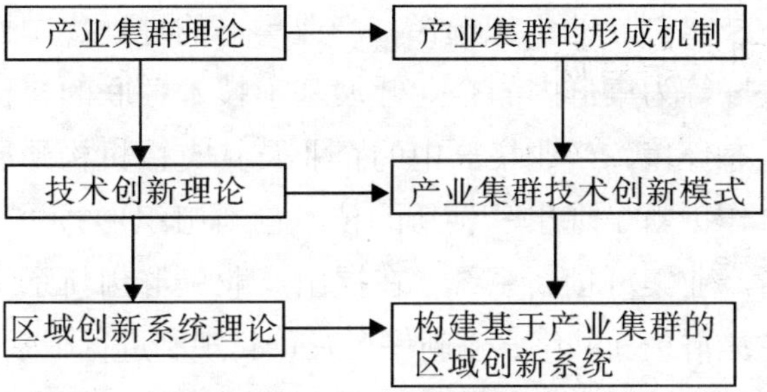

图1－2　研究思路示意图

全书共分为四个部分。

第一部分的主要内容包括研究的设计和产业集群的基本理论问题，其目的是为全书提供背景与基础。第一章绪论为研究的设计，重点是介绍研究的意义和相关研究现状及研究的思路与内容。第二章产业集群概述，重点是阐述产业集群的内涵与外延、网络结构等产业集群基本理论问题，为全书的研究提供基本概念范畴，以明确界定所应用的概念的含义。第三章产业集群形成机制，重点是在归纳、阐述产业集群形成机制的基础上，提出聚集经济和聚集机制是产业集群研究的基本理论问题。聚集经济和聚集机制的研究有三种视角，聚集经济的概念应从传统的外部规模经济和外部范围经济的复合体拓展到技术创新效应。产业集群的形成是多种聚集机制共同作用的结果，但随着知识经济时代的来临以及产业集群从低成本集群向创新集群的转变，产业集群的聚集机制正在从传统的聚集经济向技术创新效应转变。

第二部分是产业集群创新模式与创新系统的研究，其目的是为设计基于产业集群的区域创新系统提供集群技术创新的规律依据。

第四章创新集群与集群式创新，重点在于产业集群技术创新规律、组织形式的研究。建立在技术关联基础上的创新集群是产业集群技术创新规律所在，合作创新是技术交易高成本、高风险和网络互动条件下企业技术创新的组织选择，产业集群的地理集中性、网络结构、技术关联等为集群内的企业开展基于技术关联的合作创新提供了优越的生态环境，产业集群中的企业及其支撑机构开展的基于技术关联的合作创新呈现出一种新的技术创新组织形式——集群式创新。第五章产业集群创新系统，在提出产业集群创新系统概念的同时，对产业集群创新网络、创新平台及创新规制进行了系统阐述。

第三部分是基于产业集群的区域创新系统的理论研究，包括各个层次创新系统之间的关系和基于产业集群的区域创新系统的模型以及构建的原则与思路，这部分是本项目的核心所在。第六章区域创新系统，是对区域创新系统研究的阐述和思考。区域创新系统是区域层面的创新系统，由区域创新网络与区域创新环境叠加而成，区域创新网络内部各要素之间的互动以及创新网络中各要素与创新环境的互动是区域创新系统的关键所在。第七章基于产业集群的区域创新系统模型，是本项目的核心和创新点所在。在上述各章研究的基础上，我们提出基于产业集群的区域创新系统是一个由企业创新系统、产业集群创新系统组成的三级系统，其中企业创新系统是基础，产业集群创新系统是核心，三级系统之间的耦合是关键。建设基于产业集群的区域创新系统须遵循产业集群导向和区域导向原则，以重点产业集群创新系统和区域创新环境的完善为重点。

第四部分是基于产业集群区域创新系统的实证研究，即广东省基于产业集群的区域创新系统构建。第八章产业集群的界定，是理论研究与实证研究的结合点。产业集群的界定是建设基于产业集群的区域创新系统的基础性工作，在将波特的产业集群界定方法和空间基尼系数用于产业集群界定的验证的基础上，我们提出：波特的方法适用于国家层面的产业集群界定，空间基尼系数不适用于产业集群的界定，以区位商为主，参考空间基尼系数，是在区域层面界定产业集群的可行之法。以区位商方法结合广东省产业发展的实际状况，可以将广东省的产业集群分为三大类：传统优势产业集群、临港产业集群和高新技术产业集群。

三、研究的方法

（1）定性研究与定量研究相结合：以定性的分析为研究的基础，以定量的分析为验证，以定性研究与定量研究的有机结合为课题研究的基本原则。通过定量研究，构建区域产业集群界定方法。

（2）文献研究法：利用国内各种数据库检索与本研究主题相关的文献。在此基础上，通过阅读、分析文献得出研究主题的研究现状，为论文的研究提供学术、理论基础；通过阅读、分析文献，根据文献资料进行归纳、演绎和比较分析，得出相关结论。

（3）实证研究法：以广东省作为案例，验证探讨基于产业集群的区域创新系统的模型以及构建的原则与思路，以服装业、临港产业、高新技术产业集群为案例，探讨、剖析产业集聚的形成机理、不同类型产业集群的技术创新特征、不同类型产业集群创新系统的构建模式。

（4）网络分析法：学术界对网络分析有两种不同的传统，一种是把网络本身视为一种研究对象；另一种是把网络本身视为一种研究方法。[①] 由于产业集群和区域创新系统，以及集群创新系统都是一种网络组织，本研究主要采用前者，将产业集群、区域创新系统和集群创新系统的网络作为研究对象，但同时试图把两者结合起来，

---

① 张其仔. 新经济社会学［M］. 北京：中国社会科学出版社，2001.

运用网络工具来分析产业集群和区域创新系统的创新网络。即把创新网络分解成各个结点，分析结点之间的联系形式和强度，以及网络形成与变化的影响因素与机制。运用网络分析研究产业集群和区域创新系统的意义在于，“各种联系的密度、质量和类型是解释从集群中获得经济效益的关键”①。由于测度创新网络结点之间的物质流、信息流和知识流比较困难，考虑到现有的工作基础，以定性分析为主。

（5）调查研究法：通过大量的实地调查和重点调查，研究广东省产业集群；通过设计调查问卷研究广东省企业技术创新活动。

---

① Rahellotti, R. *External Economies and Cooperation in Industrial Districts: A Comparison of Italy and Mexico* [M]. London: Macmillan Press Ltd., 1997.

第二章 产业集群概述

产业集群理论是我们构建基于产业集群的区域创新系统的理论依据，产业集群的内涵、外延、结构等基本概念，是进行下一步研究的学术基础，需要加以明确的界定。

第一节 产业集群的含义

关于产业集群，国内外学者已有很多的阐述与界定，并形成了一定的共识。我们认同波特教授的产业集群定义，但认为可以有广义和狭义的理解。

一、国外学者和机构对产业集群内涵的表述

集群的概念是由波特提出的，但在波特之前学者们就有了关于集群的相关表述，如马歇尔的产业区概念、苏联学者的地域生产综合体概念等。

马歇尔在 1890 年的《经济学原理》中将产业区描述为在一个由

历史与自然共同限定的区域内，其中的中小企业积极地相互作用，与当地社会形成一个完善的系统。

地域生产综合体（Territorial Production Complex）是苏联学者在制订和执行国民经济计划时提出的概念。地域生产综合体是社会化大生产的地域组织形式，是指在一定的区域范围内，根据这一区域的自然、经济和社会条件，按照国民经济的当前和长远发展规划，把建立代表区域经济特点的专门化部门、与其协作配套的辅助性部门以及满足地区生产、生活需要的自给性部门与基础设施有机地结合起来，集中布局，以期取得较大的经济效益的地域组织形式。

在《国家竞争优势》一书中，波特引入“集群”（cluster）这一概念：“集群是指在某一特定区域下的一个特别领域，存在着一群相互关联的公司、供应商，关联产业和专门化的制度与协会。”① 在《竞争论》一书中，波特对此作了稍详细的表述：

产业集群是在某特定领域中，一群在地理上邻近、有交互关联性的企业和相关法人机构，以彼此的共通性和互补性相联结。

产业集群的规模，可以是单一城市、整个州、一个国家甚至一些邻国联系成的网络。产业集群具有许多不同的形式，要视其纵深程度和复杂性而定。不过，绝大多数产业集群包含最终产品或服务厂商，专业元件、零部件、机器设备供应商以及服务供应商、金融机构，及其相关产业的厂商。产业集群也包含下游产业的成员（如销售渠道、顾客），互补性产品制造商，专业化基础设施的供应商，政府与其他提供专业化训练、教育、信息、研究和技术支援的机构（如大学、职业训练机构），以及制定标准的机构。对产业集群有重大影响力的政府机关，也可视为它的一部分。最后，产业集群还包

① ［美］迈克尔·波特. 国家竞争优势［M］. 李明轩，邱如美译. 北京：华夏出版社，2002.

括同业工会和其他支持产业集群成员的民间团体。①

与波特定义相近的还有 Rosenfeld 给产业集群下的定义：在一定的地域内相同的、相关的和互补的企业聚集，它们利用有效的渠道进行商业交易、交流和对话，共享特别的基础设施、劳动力市场和服务，并面临着共同的机遇和挑战（Rosenfeld，1995）。②

OECD 的产业集群分析与产业集群政策课题组（CACP）在组织不同国家的专家进行产业集群研究的过程中，调查了不同国家对集群的不同理解，并在此基础上提出了他们的观点。不同的国家对集群的理解是不一样的，Theo J. A. Roelandt 对此进行了归类（见下表）。

部分国家学者的产业集群概念③

国　家	集群的概念	国　家	集群的概念
美国	生产链和网络	西班牙	创新系统
荷兰	价值链和生产网络	加拿大	创新系统
澳大利亚	生产、创新、互动网络	墨西哥	创新系统
比利时	生产、创新、合作链或网络	英国	区域创新系统
芬兰	通过知识联结的、独特的企业组合	瑞士	创新网络
德国	同类企业和创新模式	奥地利	马歇尔产业区
瑞典	不同产业中相互依赖企业的系统	意大利	产业间的知识流

① ［美］迈克尔·波特．竞争论［M］．高登第，李明轩译．北京：中信出版社，2002.

② 蔡铂，吉晓莉．产业集群的创新特性［J］．科技进步与对策，2003（2）.

③ Theo J. A. Roelandt，Pim Den Hertog. *Summary Report of the Focus Group on Cluster*［R］. OECD，1998. 7.

从上表中可以看出，在关于产业集群的不同理解中，有两种观点比较普遍：一种观点认为产业集群是生产网络和价值链，是从产业关联和经济意义上来理解产业集群；另一种观点则认为产业集群是创新系统，甚至是区域创新系统，是从技术创新的角度来理解产业集群。实际上，这两种观点代表了 OECD 的 CACP 在第一阶段和第二阶段研究过程中对产业集群的理解。CACP 第一阶段的研究集中在集群的技术创新效应或集群与技术创新的关系、集群的技术创新活动上。在这一阶段关于集群的概念中，虽然也提到了集群是一种创新系统或区域创新系统，但主流观点认为产业集群是一种价值链集群。"集群是一种增值链上相对紧密相连的企业，包括专业供应商组成的生产网络。在某些情况下，集群也包括与高校、研究机构、知识服务机构、中介机构和客户组成的战略联盟。"① 这一定义与波特的定义基本上是接近的，强调了集群是价值链上相关机构的集合的特性。在第一阶段中，同时也有学者从集群内机构的创新关联及其与国家创新系统的相似性角度，提出集群也是一种创新系统的观点。认为集群可以定义为简化的创新系统，因为在集群中存在着与国家创新系统相似的机制、系统特征和相互依赖性。CACP 的第二阶段研究对集群的后一种理解进行了拓展，明确提出集群是一种简化的国家创新系统，指出产业集群可以被认为是一种简化的国家创新系统（Reduced-NIS）。这种简化可以有多种理解。一种理解是整个国家创新系统的规模缩小到了产业集群水平，这主要出现在一个集群主导了整个国家经济，整个国家创新系统的活动围绕着这个集群展开的小国中；另一种理解是简化的形式，是指同一种类型系统的重现，即作为一种创新系统，产业集群虽然在某些条件和具体的相互作用方面与国家创新系统不一定相同，但保留了国家创新系统的

① Theo J. A. Roelandt, Pim Den Hertog. *Summary Report of the Focus Group on Cluster* [R]. OECD, 1998. 2.

内在特征和关键要素。①

二、关于产业集群的共识

从众多学者的研究看，目前学术界对产业集群达成了以下共识：

（1）产业集群有地域集聚和空间上接近的特性。同类企业和相关企业及机构在空间上的集聚是产业集群的外在特征。地域的重要性甚至体现为每一个集群均有不同的地域要求，但什么样的地域范围才是恰当的，并没有一个统一的规定。也就是说，虽然产业集群的空间范围可大可小，并没有也不可能对其进行严格界定，但在研究具体的产业集群时，则应有一个比较明确界定的空间范围。只有这样才易于把握产业集群的内部结构及其运行机制。

（2）产业集群内企业的关联性和网络结构。产业集群并非若干个企业的简单加总，企业个体作为产业系统的一部分，不仅有横向和纵向关系，还有直接和间接的联系，这种集聚在一起的企业之间的紧密联系是产业集群的内在规定性，也是产业集群的本质特性。产业间的功能性联系和相互依存及其动态发展，构成集群演化的基本特征。产业关联性可以有多种表现形式：一种是产业链关联，如波特提出的产业集群概念就强调纵向的上下游企业的关联与横向的相关企业的关联，乃至公共机构的支撑；另一种是技术联系，如纳什本尼（Naxximbeni，1998）在界定区域产业系统时，认为区域产业系统是在技术生产层次上彼此联系的众多企业仅限于某一地理区域内而形成的一个网络（系统），在该网络内部，企业、公共机构和当地行业协会之间存在广泛的互动和协同。产业集群内企业、机构的内在联系使得产业集群成为一种网络组织，并且在长期的协作过

① Pim Den Hertog，Svend Remoe. *Innovative Clusters*：*Drivers of National Innovation Systems* [R]. OECD，2001. 14.

程中形成本地化网络。本地化网络中行为主体之间频繁的交易、交流和互动，是产业集群效应的重要依托。

（3）集群内的企业有着非常活跃的创新交互过程，知识转移和分享非常频繁，形成一个知识产生和分享的密集区。因此，产业集群为企业技术创新提供了一个十分优越的创新环境，集群内企业的集群式创新产生的集群创新经济是产业集群效应的重要组成部分，也是企业竞争力的重要来源。

（4）支持信息交流的社会基础设施及社会资本构成产业集群的基本动力，促进了集群的生成和演化，产业集群具有明显的根植性（embedness）。集群内企业家具有相同或相近的社会文化背景和制度环境。以此为基础，人们之间在经常的联系、互动过程中所采取的各种经济行为深深根植于大家所熟悉的圈内语言、背景知识和交易规则，因而具有可靠性、可预见性。共同的社会文化环境产生的信任、理解和相互合作，既可有效地防止各种机会主义行为，又可促进信息的流动。从社会文化特征来看，集群内有一个共同的文化背景和制度环境，会由此而形成不可替代的社会资本。

在以上的几点共识中，地理集聚与产业关联是两条最基本的界定标准，对地理特性和联结模式界定得越严格，产业集群的内涵就越明确，但由此带来的是研究对象的局限性。同时我们还应该看到，由于产业集群的个性特征十分明显，任何过分强调把某些产业集群的共性当作普遍规律或标准范式的观点都是片面的，并且没有实际意义。因此，对于具体的产业集群研究来说，重要的是根据区域产业发展状况，识别现已存在的产业集群，根据区域产业发展规划，提出要着力培育的产业集群，然后根据各类产业集群自身的特性及其行动机制，分析各类产业集群发展中存在的问题及发展趋势，规划产业集群的未来发展。

三、产业集群的内涵

到目前为止，产业集群的定义很多，没有统一的表述方式。这与不同的学者从不同的学术背景出发、从不同的角度切入研究产业集群相关。我们认为，波特关于产业集群的定义还是可以认同的。但可以有两种理解：一种是宽泛意义上的理解，产业集群是在特定的空间范围内某一核心产业及其关联产业领域企业和支持机构的集聚；另一种是严格意义上的理解，在上述宽泛意义理解的基础上，再加上集聚在一起的企业和机构之间存在着的基于分工与协作的紧密联系构成的一种网络结构系统，这种理解强调产业集群内机构的竞争合作关系、网络结构、制度规范等。

从不同学者关于产业集群内涵的讨论中，我们还可以归纳出产业集群的构成图谱（见图2－1）：

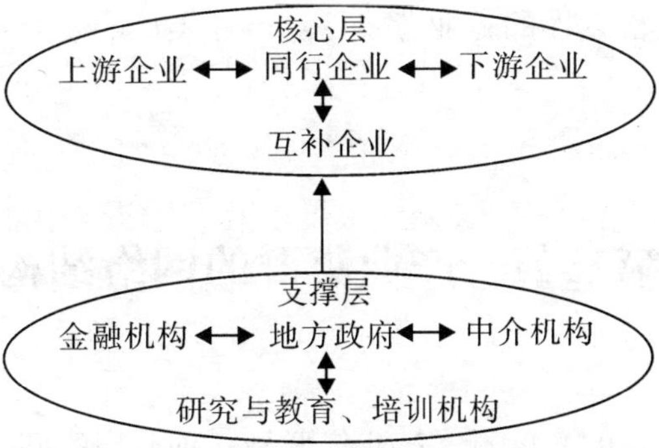

图2－1　产业集群的构成图谱

图中的第一平面层构成了产业集群的核心层，由产业集群中的同类企业及其关联企业构成。同一行业的企业在特定的地理空间集聚是产业集群的本质特征之一，这些企业的形成与发展促成了产业集群的形成与发展。与这些企业有着紧密生产联系的纵向关联企业（上游企业与下游企业，共同构成产业链）和横向关联企业（互补企业）的形成与发展同这一行业的企业发展息息相关，它们构成了核心企业发展的产业环境。从同类企业及其关联企业在特定地理空间集聚的角度看，产业集群在这里也表现为企业集群。

图中的第二平面层构成了产业集群的支撑层，由各类公共机构组成。公共机构是指与核心行业企业发展有着紧密联系的各类科研机构、教育培训机构、中介机构、金融机构和地方政府部门，它们是服务于核心行业企业发展的机构，其发展规模及水平对核心层企业的发展具有重要的意义。支撑层的出现是一个产业集群发展到一定阶段的标志。

除此之外，由于产业集群具有鲜明的地理空间集聚性，产业集群所在区域的制度、要素环境构成了产业集群的区域背景，对产业集群的发展影响深远。产业集群根植于区域，受区域影响深刻。由于产业集群是同一行业企业的集聚，因此，这一行业的发展状况也就成为产业集群发展的行业背景，对产业集群的发展也有着深刻的影响。

第二节　产业集群的网络结构

从组织理论的角度看，产业集群是一种典型的网络组织，网络中的结点及其联结构成了产业集群的网络结构。

一、网络组织及其结构

网络是一个由来已久的概念，即一系列相互连接的点构成的系统。有了网络，系统的各个点就可以沟通，资源就可以共享，就有了网络整体共同发展的可能。

网络组织是经济全球化和信息化等背景下出现的新型组织形态，是介于企业和市场之间的，不同于市场形式，又是在等级组织以外的新的组织形式——中间性组织，是一个由活性结点的网络联结构成的有机的组织系统①。

活性结点是指网络中的结点应具有决策活性和层次性。决策活性是指结点具有处理信息的能动性和积极性，是具有决策或信息处理能力的智能体。层次性是指由于网络组织具有相似结构，每一层次的结点可以构成下一层次的网络组织。

联结使得结点间点对点的沟通成为可能，也使得网络组织运作成为可能。联结的有效性是网络组织有效运作的一个必要条件。结点和结点间的联结构成了网络组织的硬件。

结点是创新的主体、信息的载体和加工地、知识的创造者，而联结将独立的结点编织成网络，并提供信息沟通和知识共享的通道。结点间的联结方式多样，从传统的资产纽带、产权关系、法律合同、契约，到指令、信息交换、协议、规则、章程、信任、感情、共同的价值观、兴趣等。不同的联结方式决定不同的结点间关系和网络组织性质。

网络组织的软件是指网络组织的协调机制。要保障网络组织的有序运行，外来的强制干预和控制是无益的。但为了避免在网络组

① 李维安等．网络组织——组织发展新趋势［M］．北京：经济科学出版社，2003.

织自发演进中由于结点的机会主义倾向和网络组织机制漏洞等内部和外部的因素带来问题，协调和协调机制是不可缺少的。协调机制是网络组织运作的有效保证。网络组织结点之间的联结方式可以是正式的契约式的，也可以是大量随时发生的、非正式的交流。网络组织依靠网络组织协议运行，在遵守协议的前提下可自愿进入、退出，表现出网络组织的柔性与边界模糊性。网络组织协议包括有形的规则、章程等及无形的组织文化等。

赵春明指出，一般地，支持虚拟企业运行的基础平台包括信息网络、知识/技能网络、物流网络和契约/信任网络（见图2－2）。①

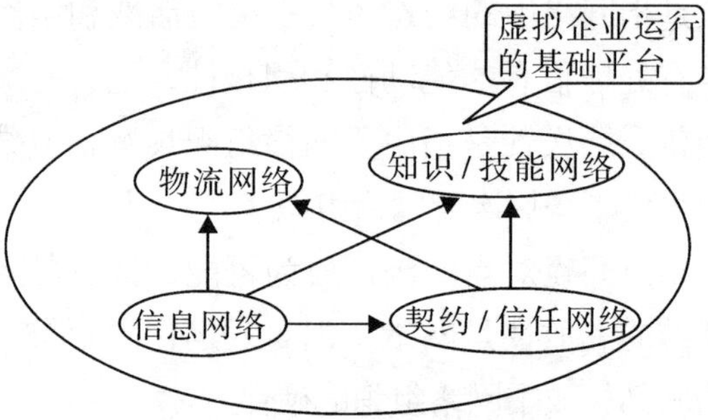

图2－2　虚拟企业运行的基础平台

我们认为，赵春明就虚拟企业提出的运行平台可以推广到一般的网络组织。构成运行平台的这些网络组织实际上是在网络组织的网络基础上按照联结方式和内容的不同形成的网络组织内的网络，其中的物流网络与信息网络是有实体形式的网络，而知识/技能网络（可以简称为知识网络、创新网络）和契约/信任网络（更广义的是包括了契约与信任的社会网络）则是非实体形式的网络，是网

① 赵春明．虚拟企业［M］．杭州：浙江人民出版社，1999．

络组织各结点之间的联结关系。

物流网络的实体是网络结点之间的物流通道。在物流网络上流动的是物质，实现的是结点之间物质的交换与联结。这种物流产生于结点之间基于资源的依赖形成的分工协作关系。分工与协作，尤其是产业投入产出联系基础上的分工协作关系，是网络组织形成和发展的重要原因，基于这些分工协作关系上的业务联系是网络组织运作的重要内容之一。也有学者称在物流网络平台上流动的这些物流为交易网络或经济网络，是企业外部供应链的重要表现形式。

信息网络以实体的信息技术网络为平台，实现的是结点之间信息的交换与联结，是网络组织内各种联结的重要通道，是经济网络、知识网络、社会网络等的运行平台，可以说是网络组织的重要基础设施。

知识网络是指结点之间知识的交换与联结，包括编码化的知识和隐性知识。知识在不同组织之间的传播与流动是网络组织形成的重要原因，也是网络组织运行的重要内容。网络组织结点之间知识的扩散机制分正式的机制与非正式的机制。正式的机制包括以信息网络为平台的扩散，多为编码化的知识；非正式的机制以人际关系网络等社会网络为基础，多为隐性知识的扩散。在知识网络基础上，网络组织进行集体实习、开展合作创新，实现知识的共享与创造。从中我们也可以看出，网络组织中的知识网络与创新经济学的创新网络基本一致，是我们研究区域创新系统和产业集群的创新网络的重要依据。

正如前面所述，网络组织的有效运行需要有效协调机制。鉴于网络组织中结点的独立性和平等性，网络组织的协调主要依靠契约或协议，并建立牢固的信任关系及和谐的人际关系，是一种“软硬结合”的协调方式。“硬”性的协调指的是建立一些规则、制度，订立一些契约、合同，具备条件的，还可以建立和安排一些专门的协调机构和人员。但由于网络组织的动态性、复杂性等特点，这种协调方式并不能总是奏效。“软”的协调指的是建立彼此信任、和谐的关系，依靠机动灵活、多层次的沟通，来应对随时可能出现的各种复杂的问题或潜在的冲突。

网络组织的协调机制与网络组织的结构相关。按照网络组织是介于企业和市场之间的中间性组织的定义，企业网络组织具有市场和企业的双重特性，以此为依据，可以将企业网络组织分为两大类：“领导型”网络组织和“平行型”网络组织。前者是以某个大企业或大公司为核心建立起来的网络组织，这个大企业或大公司掌握着核心技术或关键资源，因而在网络中占据主导地位；后者中的企业并无明显的强弱之分，各自拥有不同的技术或资源，整个网络组织的效率是依靠所有企业的紧密合作来实现的。① 对于“领导型”网络组织，由于其具备了一定的企业科层组织的特性，可以通过“领导型”企业的管理协调功能来保持网络组织的有效运行；对于“平行型”网络组织，由于各个结点处于对等的地位，企业之间的交易大多是平等互利的合作关系，具有更多的市场特性，所以只能通过网络组织的自我调节功能来保持网络组织的有效运行。即各结点间通过相互的交流参与网络组织的运行，形成网络组织的价值，并为网络组织各成员所共享。对于这种网络组织而言，由于网络组织的自我调节功能比较脆弱，十分需要社会网络的支持。

实际上，网络组织中物流网络、知识网络的有效运行都需要以契约和信任为核心的社会网络的支持。按照新经济社会学的观点，经济网络嵌入在社会网络之中，社会网络是经济网络运行的基础。同样，我们也可以推论，知识网络嵌入在社会网络之中，社会网络是知识网络运行的基础。

---

① 欧志明，张建华．企业网络组织的演进及类型研究［J］．决策借鉴，2002（1）．

二、产业集群网络的结点及结点间互动关系

产业集群是同类及相关企业和机构基于产业关联等基础上的空间聚集，是一种典型的企业网络组织。在企业所在地结网是企业在激烈竞争的同时，跨越边界，有选择性地与其他企业和机构结成长期稳定、互惠的关系。产业集群中的企业、教育培训和研究机构、地方政府、金融机构以及中介机构等是产业集群网络中的重要结点。其中，企业是核心，在加强产业集群网络各结点的联结中，最重要的就是促进企业之间以及企业与其他结点的互动，推动产业集群网络的发展和演化。

根据产业集群网络各结点联结的重要性和紧密性，可以把产业集群网络分成三个层次：第一层是由核心企业与上下游的企业、互补企业以及竞争企业构成的网络，企业之间的相互作用主要表现为相互之间的合作和交流。第二层次是由企业和各类公共机构构成的网络，主要的活动表现为企业与这些公共机构之间的知识、信息、资源的传递。第二层网络中的结点不是产业集群网络中直接从事生产的主体，其主要功能是为核心网络成员的企业提供技术、人才、资本以及咨询培训等服务，使知识、信息、资源等从第二层网络向第一层核心网络流动和传递。第三层是产业集群的外部环境，主要的活动表现为产业集群各结点特别是企业和产业集群外部环境的交流和互动。(见图2－3)

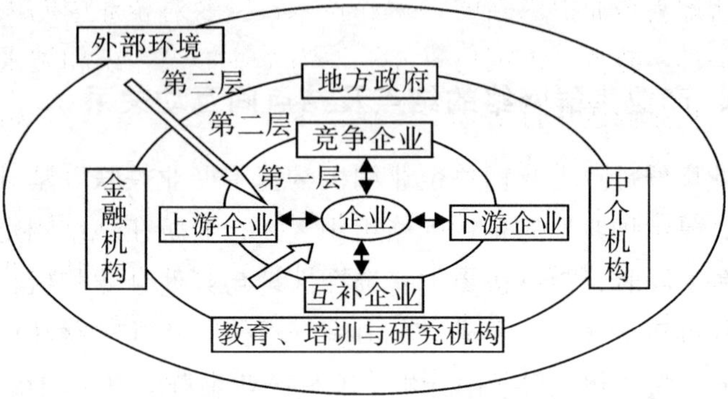

图 2-3　产业集群网络层次

第一层中的企业之间的相互作用表现为两种形式：垂直联系和水平联系。垂直联系指上下游的企业之间基于产业关联的产业链上的互动关系，表现为上下游企业之间的物质投入—产出联结和技术关联，是一种以物质和技术的流动为主体的合作关系，但也包含上下游企业之间的价格博弈。水平联系是指知识、信息在水平方向上的传递和扩散，表现为同行业企业之间以及企业与横向关联企业之间的竞争—合作关系。同行业企业之间更多的是一种竞争关系，主要表现为企业之间在共同的原材料、劳动力以及产品市场上的竞争。适度的竞争会激励企业的发展和竞争力的提高，增强产业集群整体的竞争力，但如果企业之间的竞争演变为过度竞争，就会给集群带来毁灭性打击。过度竞争主要是由于企业之间的产品雷同，使得企业竞争手段单一，除了采用残酷的价格战外别无他途。同行业企业在竞争的同时也存在着各种合作，如市场同创、产业集群整体品牌的培育和维护等。互补企业之间的关系则与垂直联系相似，是一种合作多于竞争的关系，在合作中共同提高各自的市场竞争力。

产业集群第二层各结点的主要功能是为企业提供支持。其中，大学、科研院所等教育、培训和研究机构与企业之间的联结主要表现为不断地为企业提供新的知识和技术，以及对企业中的人员进行教育和培训。教育、培训与研究机构为企业提供知识和技术的途径之一是为企业输送经过培训的专业技术人员，之二是这类机构中的专业技术人员流向企业或自己直接创办新企业，之三是这类机构与企业进行合作研发。研究机构对企业中的人员进行教育和培训主要是为了提高劳动力的技术水平或管理技能，途径可以是企业个体直接与研究机构联系相关培训事宜，也可以由中介机构如行业协会出面与研究机构联系，对集群中的企业进行集体培训。处于非中心城市的产业集群，周边可能没有大学、科研院所等研究机构，此时企业、地方政府或中介机构要积极与外界的研究机构进行联系合作，通过利用外界的力量，来提高集群的知识和技术水平。

与产业集群网络中的企业和研究机构不同，地方政府并不直接创造新的知识、技术和产品，其主要职能有三方面：一是为产业集群内知识、信息的传递创造一个良好的环境；二是充当企业之间以及企业和研究机构之间建立合作关系的媒介；三是作为制度创新的主体，完善产业集群网络的协调机制，保障产业集群网络的有序运行与持续发展。

政府在合作中的中介作用主要发生在集群形成的初始期，当集群发展到一定规模后，应主要由中介机构在促成各类结点之间的联结中发挥主要作用。中介机构一般包括行业协会、商会、创业中心、各种服务中心等，它的特点是专业化程度高、业务能力强。

因此，中介服务机构要充分发挥自身的信息、技术、投资、管理等各方面的专长，了解企业的具体需求，组织并协调产业集群整体的发展。

辅助网络中的金融机构，主要包括当地的国有银行、地方商业银行、各种形式的基金组织、借贷资本的机构以及风险投资机构等。金融机构的作用主要是为产业集群中的其他结点，尤其是企业提供金融支持。

同集群网络内部各结点之间的互动相比，产业集群与外部网络之间的知识、信息、资源的传递对于保持产业集群网络的健康发展同样重要。一方面，在经济全球化的今天，国与国之间、不同区域之间的专业化分工不断加强，集群通常只能完成全球产业链中一部分环节，必须加强与外部网络的合作与交流。另一方面，集群与外部网络的互动可以防止集群出现“锁定”现象。锁定会造成集群网络发展的僵化。我国经济地理学者王缉慈研究指出，一个地方环境中的行为主体，应该和外界信息资源建立系统的联系，以保证外部重要的信息（市场和新技术）流入，否则该环境会有淤塞的危险。可见，必须促进集群与外部环境的互动。第三层网络作用机制与第一、二层网络作用机制相似，只不过由于空间距离的原因，互动不像第一、二层网络那样频繁。①

三、产业集群网络的联结

产业集群网络各结点的相互联结形成了产业集群的经济网络、知识（创新）网络、社会网络②。

产业集群的经济网络是指产业集群网络内企业之间在分工协作基础上形成的投入—产出关系，主要表现为企业之间的产品、技术或服务的市场交易活动，故也有学者称之为地方生产网络、交易网络（刘斌，2004）、市场关系网络（黄中伟，2004）。经济网络处于产业集群网络的最表层，普遍存在于上下游企业之间的供应链（纵向联结）和横向关联企业之间的产品、技术关联（横向联结）之中。这种网络随着交易次数和交易量的增加而加强。经济网络是产

① 雷如桥等．产业集群网络作用机制研究［J］．科学学与科学技术管理，2004（12）．
② 刘斌．产业集聚竞争优势的经济分析［M］．北京：中国发展出版社，2004．

业集群网络中最基本的网络，反映了企业之间的关联性。

产业集群网络中，知识网络也称为创新网络、技术网络，是以产业集群网络各结点之间的知识、技术联系为内容的结点之间的长期稳定的关系。这种关系既存在于企业之间，更存在于企业与大学、科研院所等研究机构之间，主要表现为结点之间的知识流动、扩散以及合作创新活动。企业之间的创新网络是在企业之间的生产网络上，以企业之间的技术联系为基础形成的，包括纵向的产业链基础上的创新网络和横向的协作关系基础上的创新网络。企业与大学、科研院所等研究机构之间的创新联结，则多是基于资源依赖的创新联结，是产业集群创新网络的重要形式。

产业集群中存在不同身份的人，这些人通过亲缘、血缘、地缘和各种工作关系构成了产业集群的社会关系网络。产业集群的社会网络受当地文化的深刻影响，也受制度的约束。地方政府、行业协会、传统的人际关系等是社会网络的主要结点。产业集群内的社会网络的基础是人们的社会关系，具有鲜明的地域性，是一种本地化的网络。经济网络和技术网络是在社会网络的基础上展开的，可以说是嵌入社会网络。社会网络是产业集群经济网络和技术网络有效运行的重要平台或环境。在社会网络基础上产生的信任通过节约交易成本、促进知识流动等途径促进产业集群的发展。

第三节　产业集群的类型

对于产业集群的分类，不同的学者从不同的角度有各种分法，较普遍的是按产业集群内企业组织结构分类和按产业集群形成机理分类。

一、按产业集群内企业组织结构分类

Peter Knorringa 等（1998）在对发展中国家产业集群的研究中，借鉴 Markusen（1996）对产业区的分类方法，把产业集群分为三类：意大利式产业集群、卫星式产业集群、轮轴式产业集群。①

类似的还有海特和马库森的分类。海特（Hayter，1997）将产业集群归纳为以大量中小企业为主体的产业集群和以大企业为核心的产业集群，在这两种基本类型之间存在着大量的中间过渡类型。

马库森（1996）在对美国、日本、韩国、巴西等国产业集群的研究基础上，将产业集群分为四类：中小企业集聚的马歇尔式产业集群、围绕一个或多个主要企业的轮轴式产业集群、由跨国公司的分支工厂组成的卫星平台式产业集群和国家力量依赖型产业集群，并且认为现实的产业集群是不同类型产业集群的混合形式，在发展过程中不断转变。

二、按产业集群形成机理分类

Schmitz. H. 认为存在两种差异明显的发展道路，以及由此形成的两类不同的产业集群——创新型集群（Innovation-based Clusters）与低成本型集群（Low-cost-based Clusters）。创新型集群走的是高端道路，是建立在研发基础之上的，追求的是产品的差异化竞争优势，竞争—合作是集群内企业关系的主导方面。低成本型集群走的是低端道路，发展的基础是低成本，包括廉价的原料和劳动力，追求的是产品的低成本竞争优势，往往出现企业之间的恶性竞争，合作相

① 陈剑锋，唐振鹏．国外产业集群研究综述［J］．外国经济与管理，2002（8）．

对较弱。

Lynn Mytelka 和 Fulvia Farinelli（2000）基于产业集群的内在关系把产业集群分为三类：非正式集群、有组织的集群和创新集群。非正式集群企业的技术水平远远落后于产业前沿，大多生产淘汰产品，工人技能水平低，几乎没有用来支持技术升级的连续性知识；企业间缺乏信任，没有共享信息的传播，集群内部竞争残酷，企业间协调与网络特性不明显，落后的基础设施、薄弱的前后向联系加剧了集群的“营养不良”。非正式集群要想逐步发展，一定要拥有核心制造技术。而有组织的集群其内部企业之间相互交流，解决共同的难题，尤其是在基础设施和公共服务机构方面常运用集体建设的方法。有组织的集群与非正式集群的区别在于集群企业间的相互协作与网络联系。创新集群主要集中在发达国家，集群企业从事知识密集型的生产活动，有着极强的产品设计、工艺创新以及技术适应能力。企业将这种能力与市场有效地结合起来，使集群迅速成为具有极高出口率的全球竞争者。

Gordon 和 McCann（2000）把产业集群分为三种典型模式：第一种是产业综合体，是指一群企业按已成型的交易关系（一般是上下游关系）共同坐落在某特定的地理区域，主要目的是最小化距离成本；第二种是单纯集聚体，区域内的所有企业共享集群的外溢性；第三种是社会网络，地理上相近的企业之间往往存在更强的网络效应，促进企业间的相互信任和非正式的合作及集体行动。

Alex Hoen（1997）按照产业集群内部实体间的相互关系，把产业集群分为基于创新链的集群和基于产品链的集群。

三、按产业属性分类

比较常见的分类还有在产业集群实证分析时经常使用的按产业

属性的分类。但由于产业划分标准和深度不同，有多种分类形式。如有按产业的技术特性分类的高新技术产业集群和传统产业集群，有按行业细分的 IT 产业集群、服装产业集群等。

按照集群的产业性质，可以将产业集群分为三种类型：①传统产业集群。它以传统的手工业或劳动密集型的传统工业部门为主，如纺织、服装、制鞋、家具、五金制品等行业，大量的中小企业在空间上集中，形成一个有机联系的市场组织网络。在这种产业集群内，劳动分工比较精细，专业化程度较高，市场组织网络发达，典型的例子是意大利的特色产业区。②高新技术产业集群。它主要依托当地的科研力量，如著名大学和科研机构，发展高新技术产业，企业间相互密切合作，具有强烈的创新氛围。美国的硅谷和印度班加罗尔软件产业集群是这方面的典型代表。③资本与技术结合型产业集群。如日本的大田、德国南部的巴登—符腾堡等。一般来说，由于存在着不确定性以及研发与生产的日益分离，高新技术企业比传统产业企业更倾向于集聚。研究表明，在美国，诸如电脑、制药等高新技术产业的创新活动明显多于传统产业，与此相对应，高新技术产业的企业更加倾向于以集群的形式存在（Kndmtsch & Feldman，1996）。

第三章　产业集群形成机制

产业集群是企业、产业的空间集聚，聚集经济（economy of agglomeration）是产业集群竞争优势的主要来源，聚集机制是产业集群形成、发展的动力所在。聚集经济、聚集机制的研究是产业集群研究最基本的理论问题。

马歇尔关于“外部经济”的阐述是人们对聚集经济和聚集机制的最早研究，韦伯是“聚集经济”概念的提出者，其他的区位理论倡导者发展了这种基于外部规模经济和外部范围经济的聚集经济。随着分工深入导致的产业组织结构演变及交易费用的引入，人们开始了从交易费用和社会经济网络探讨聚集经济和聚集机制的研究。而随着技术创新理论的进展以及技术创新在创造竞争优势中地位的上升，人们在马歇尔技术外部经济基础上对技术创新与产业聚集的研究不断深入，构成了聚集经济和聚集机制的第三种研究视角。聚集经济的内涵从传统的外部规模经济与外部范围经济的复合体概念拓展到交易费用节约和技术创新效应方面。

产业集群的形成是各种聚集机制综合作用的结果，但在不同类型产业集群中，各种聚集机制的作用强度并不相同。在低成本集群中，传统聚集经济、社会网络起了主要作用；在创新型集群中，技术创新效应起主要作用。随着社会经济的发展和产业集群自身的发展，各种聚集机制的作用强度也在发生着变化。随着知识经济的来临，技术创新效应的作用强度普遍增强；随着产业集群自身的发展，技术创新机制的作用也在增强。因为技术创新效应除了降低成本为产业集群赢得成本优势以外，更重要的是实现产品差异化，为企业、集群赢得差异化优势。构建产业集群创新系统，促使产业集群聚集机制从传统的聚集经济向技术创新效应推进，是经济全球化背景下产业集群的客观发展趋势，也是产业集群获取长期繁荣的关键。

第一节　聚集经济

聚集经济是产业集群的本质特征，产业集群之所以存在并且得到迅速的发展，就在于产业集群所具有的聚集经济效应，其吸引企业和相关机构聚集，以扩大区域经济规模，提高区域经济竞争力，实现区域经济的增长与发展。聚集经济的含义应随着聚集机制的转变加以拓展，交易费用节约和技术创新效应也应是聚集经济的重要组成部分。

一、聚集经济的内涵

马歇尔关于“外部经济”的分析是人类对聚集经济最早的研究。马歇尔在其《经济学原理》中提出，工业之所以在产业区内集聚，除自然条件和宫廷的奖挹之外，获取外部经济是根本原因。马歇尔认为产业集聚的原因是：协同创新的环境；辅助性工业的存在；对有专门技能的劳动力的需求与供给；劳动力需求结构的不平衡；区域经济的健康发展；顾客的便利。克鲁格曼将马歇尔所描述的产业集群形成的原因归纳为三点：丰富的专业劳动力供求、专业化供应商的存在和技术的外溢。

工业区位论的提出者韦伯是从区位的角度论述聚集问题，进而提出“聚集经济”概念的。韦伯认为，集聚能够使企业获得成本节约的聚集经济，但前提是这种集聚是指存在着种种内外联系的工业按一定规模集中布局在特定的地点。他对聚集经济下的定义是“由于把生产按某种规模聚集在同一地点进行，因而给生产或销售方面带来的利益或节约”①。在这里，聚集经济是建立在规模经济基础上的。事实上，韦伯的“聚集经济”除了没有强调技术外溢的原因外，与马歇尔的外部经济是高度吻合的。1976 年英国的 K. J. 巴顿在他的《城市经济学——理论和政策》中也指出，“当地理上的紧密接近能为企业与工厂产生外在利益时，就出现了聚集经济效益”。

早期的经济学家对聚集经济的研究都是从规模经济效益分析入手，进而意识到它对微观行为主体来说是一种外在（或外部）效益，聚集经济、规模经济和外部经济三个概念往往都是交替使用，甚至作为同一概念使用的。

经济研究的进展，使经济学家们认识到三者其实是有其特定内涵的。规模经济一般是指生产因批量或规模的扩大而带来的平均生产费用的降低；外部范围经济是一种个人或企业的行为给其他人或企业带来的影响，这种影响并非通过市场的交易而实现；聚集经济是外部规模经济和外部范围经济共同作用而形成的一种复合经济。②这是目前学术界对聚集经济的普遍认识，我们将它称为狭义的聚集经济。在这种狭义的聚集经济基础上形成的是一种成本优势。

---

① ［德］阿尔弗雷德·韦伯．工业区位论［M］．李刚剑等译．北京：商务印书馆，1997.

② 冯云廷．城市聚集经济——一般理论及其对中国城市化问题的应用分析［M］．大连：东北财经大学出版社，2001.

实际上，由产业集中带来的外部规模经济、外部范围经济仅是聚集经济的重要组成部分，聚集经济的内涵应该更加宽泛，除了外部规模经济和外部范围经济以外，还应包括产业集中的交易费用节约和技术创新效应等。聚集经济是指经济行为（不仅限于一种产业）在空间上的集中而带来的各种效益（冯云廷，2001）。因此，聚集经济也是产业集群形成、发展各种效应的总称。相对于狭义的聚集经济，我们认为可以将拓展后的聚集经济称为广义的聚集经济。

二、聚集经济与外部规模经济

规模经济是指规模的收益递增，具体表现为长期平均成本曲线的向下倾斜，即随着生产能力的提高，单位成本呈下降趋势。规模经济分内部规模经济和外部规模经济。内部规模经济又称企业内部规模经济，可再细分为工厂规模经济与企业规模经济。

新古典经济学所谈论的规模经济概念，指的是单个企业内部的规模经济。主要是指生产过程中所使用的大型关键设备的投入在产品成本中占较大份额，而这种关键设备作为固定成本，会随着产量的增多而得到更大范围的分摊，从而使得单位产品的平均成本会随着产量的增加而减少，由此产生的一种规模经济效益。在这里，规模属于技术意义上的规模，是从设备、生产线、工艺过程等角度提出的，实质上只是比较静态意义上的单个企业内部的技术经济规模，也称为工厂规模经济。

企业规模经济，是指生产同样产品的若干工厂或处于生产工艺过程不同阶段的若干工厂，联合在一个经营实体中形成的经营规模扩张（也就是纵向一体化）所带来的提高投入—产出效益的经济。

新古典经济学对规模经济概念的阐述，在理论上至少存在两个缺陷：其一，新古典经济学关于单个企业内部技术经济上的规模经济理论，是以不存在外部性为前提进行假设的。一旦引入外部性，多个企业在局部空间上聚集在一起，便会产生一种新的规模经济，一种空间上的外部规模经济。所以，新古典经济学的规模经济概念是不全面的。其二，新古典经济学对企业内部规模经济所作的解释也是不充分的。它仅仅从技术角度去解释内部规模经济的存在，却撇开了非技术性的空间因素和市场因素，如企业所在区域的劳动力、原材料供应条件，区域市场的规模，公共设施状况等。这些因素都制约着企业内部规模经济的存在与否以及可利用程度，而新古典经济学却隐含地假设这些因素都不存在，孤立地谈论企业的技术经济规模，因而是不充分的。①

外部规模经济是指来自企业外部的成本节约，是由同一产业或相关产业的企业空间聚集带来的外部规模经济收益。这种外部规模收益主要是通过生产活动在特定地域内彼此接近，以及集中使用基础设施和专业化服务等获得的一种收益。

聚集经济是一种外部规模经济，这是因为：①经济活动在空间上的局部集中，必须达到一定的规模才有可能出现聚集经济，因此聚集经济总是与规模联系在一起，它也是一种规模经济，故而可称为聚集规模经济。②与企业内部规模经济不同，外部规模经济产生于众多企业在局部空间上呈一定规模的集中，以及由此带来的交互外部性（interactive externalities）。因此，聚集经济既是一种规模经济，也是一种外部经济。③聚集经济作为外部规模经济，总是与经济活动的空间分布分不开，离开空间因素就无从谈论聚集经济。因此，聚集经济在本质上是一种空间上的外部规模经济。② 此外，当聚集规模达到一定程度时，聚集区形成一种良性循环的“产业生态链”和“经济生态圈”，使其中的企业都能从中受益。因此，在一定的意

① 林金忠．中小企业也能实现规模经济［J］．经济学家，2001（2）．
② 林金忠．中小企业也能实现规模经济［J］．经济学家，2001（2）．

义上，我们也可以将聚集经济称为“群落规模经济”或“地区规模经济”。

三、聚集经济与外部范围经济

范围经济是一个与多样化经济相连的概念，通常是指企业在同时经营多种产业时所产生的一种效应。范围的衡量标准主要从产品的种类、生产活动的种类、工艺过程环节的多少，以及市场地理范围的大小程度等角度切入。范围经济存在的基础是某些生产活动的可分割性。

与规模经济一样，范围经济也有内部范围经济与外部范围经济的区别。企业内部范围经济是指随着产品品种的增加，企业长期平均成本的下降，包括企业实行多元化经营，生产多样化产品。虽然有些产业的产品或设备的整体性不明确，其规模经济不明显，但由于其生产联系和协作非常紧密，因此该生产系统的一部分或者大部分需要在企业内部完成。企业内部范围经济意味着垂直一体化或水平一体化的企业内部分工深化。

企业外部范围经济是指，在同一个地方，单个企业生产活动专业化，多个企业分工协作，组成地方生产系统。外部范围经济通过企业之间的分工与协作、交流与沟通实现成本的节约。在这种情况下，产业组织是垂直分离或纵向分化的，专业化的企业之间通过外部交易网络，共同完成生产经营活动。外部范围经济基础更一般的内涵是生产或交易上关联企业之间的一种协同效应。对外部范围经济的企求，也是企业地理空间聚集的重要原因。

从聚集经济及其与范围经济之间的关系上看，聚集经济是一种外部范围经济。与聚集规模经济概念相对应，我们可以称这类聚集经济为“聚集范围经济”。聚集范围经济主要来源于企业由市场交易活动连接起来的产业之间的乘数效应，以及经营区域广泛所带来的外部经济性。由企业外部范围经济引发的空间集聚多为中小企业的集聚，或者无核心的大小企业并存的集聚，作用在于减少交易费用。较高水平的集聚表现为大规模装配产业基础上的综合体，如美国西雅图和日本丰田市。

范围经济与规模经济既相互联系，又相互区别。两者的相互联系表现为两者的共存与相容，但两者毕竟是完全不同的两个概念。一般来说，“规模”是指经济系统或聚集体的大小；“范围”是指经济系统或聚集体的集合分离程度。相应地，规模经济反映的是产出规模与长期平均成本之间存在的经济性；范围经济反映的是多样化程度与长期平均成本之间存在的经济性。

总之，狭义的聚集经济本质是一种外部经济，包括外部规模经济和外部范围经济。事实上，与多样化相联系的外部范围经济及与专业化相联系的外部规模经济是聚集经济的两个侧面，互相融合在一起构成驱动产业集群形成的系统动力。① 值得注意的是，聚集经济有一个适度的问题，过度集聚将导致负面作用，如拥挤效应、对投入品的争夺导致成本上升、同行过度竞争导致利润下降等。这表明外部非经济也可能伴随着集群的发展而显现，集群的合理规模取决于外部经济性和外部非经济性的平衡。

第二节　聚集机制的空间与产业分析

产业的聚集过程实际上是企业区位选择过程。企业的区位选择

① 景芝英，徐雪梅. 试论聚集经济的本质［J］. 财经问题研究，1998（11）.

过程包括如何选择区位和如何作出区位决策两个方面。企业的最优区位在韦伯的《工业区位论》中是生产成本最低的区位，随着研究的深入，最优区位的标准从生产成本最低转为利润最大，再到最具有竞争优势。其间，科斯对交易费用的引入、对不确定性问题的探讨等都对最优区位的选择标准产生了重要的影响。区位决策则是一种行为，受社会网络等行为因素的影响。此外，制度等非经济因素也对区位的选择具有重要的影响。

产业的聚集过程，也就是产业集群的形成与发展的过程，首先表现为核心企业的偶然区位选择。在这种偶然性中隐藏的必然性或区位选择的规律是基于产业属性基础上的区位指向。这种偶然的区位选择是初次的或低级的聚集。其次表现为核心企业为了获得内部规模经济在所选择的区位扩大生产规模，形成企业规模经济。最后是核心企业的规模扩张所产生的需求吸引上下游企业以及相关辅助企业的发展，最终形成地方生产网络。后一过程是基于狭义聚集经济的产业聚集过程，也是一种聚集机制作用下的产业聚集，被称为高级的聚集。实际上，在聚集机制作用下的产业聚集还具有一种自强化机制。①

一、产业区位指向

不同产业在地理空间上的分布主要受其区位指向的制约，并呈现出一定的地理集中趋势。不同产业的区位指向受产业属性的约束，存在明显的差异。根据区位性质不同，可将区位指向分为自然资源指向、生产要素指向、市场与交通指向等。同类企业受区位指向影响而在特定的空间聚集，它是聚集形成的外部因素和基本推动力量。

① 冯云廷．城市聚集经济——一般理论及其对中国城市化问题的应用分析［M］．大连：东北财经大学出版社，2001.

区位指向促进了同类企业的空间聚集。不同产业部门的区位指向可能不同，但当不同区位指向的产业部门的区位在空间上重合时，就会进一步增强空间聚集的规模与程度。①

因区位指向相同而形成的聚集，其目的在于充分利用地区优势来获得成本的节约。这种类型的聚集可分为三种情况：①针对一种地区优势而聚集的许多属于同一产业部门的企业。集聚的原始动力是有利于这一产业发展的地区优势条件，后续的动力是共享的基础设施、人力资本、科研条件，以及形成的共同市场和作为买方的竞争优势等；特点是同类企业之间可能缺少横向经济联系，但聚集本身同样可以给各企业带来相当大的外部经济利益。此种集聚问题可能出在同类企业聚集造成的供应不足和市场区域过小方面。②针对一种地区优势而聚集的多个不同产业的企业。这种聚集一般出现在除了这一种强势的地区优势以外，还有其他的良好发展条件的情况下。这一强势优势条件与其他条件的不同组合形成了不同产业部门的聚集。这类聚集的特点是地理空间邻近的企业彼此之间并不存在经济技术联系，仅仅是一种资源共享的关系，如在港口优势基础上出现的临港区域的大运量企业的聚集。③针对多种地区优势聚集的多个产业部门的企业。②

二、外部范围经济和外部规模经济

从成本最低的角度看聚集机制，外部范围经济和外部规模经济是两大聚集因子。

从亚当·斯密开始，分工是提高生产效率的重要途径（斯密定

① 丁四保等．区域经济学［M］．北京：高等教育出版社，2003.

② 周起业等．区域经济学［M］．北京：中国人民大学出版社，1989.

理)[1] 就已经成为经济学的共识，但分工与专业化会导致生产活动的分离和生产环节的增多，进而导致交易环节的增多和交易费用的上升。诺思对于交易费用与分工和专业化之间关系的研究为认识聚集经济本质提供了一个新的视角。生产过程在空间上的纵向分解，导致交易活动的费用增加，每单位交易活动的费用越高，卷入其中的厂商或企业越有可能通过空间集聚而减少交易费用，以便从相互集聚中享受外部范围经济带来的好处。也就是说，既要获取分工效应，又要实现交易费用节约，途径就是各个相关单位在分工后进行空间集聚。在这里，减少交易费用是外部范围经济的主要动因，而对外部范围经济的追求是企业空间集聚的重要诱因。

要获取外部规模经济，关键之处在于在同类企业集聚导致产业整体规模扩张的基础上，吸引产业上下游企业以及相关的辅助产业，形成产业链基础上的价值体系和完善的产业关联网络，从而建立起基于产业功能联系的外部规模经济效应。在这里，产业关联是重要的聚集机制。

由外部范围经济和外部规模经济组成的聚集经济，从空间角度看，就表现为优势区位的区位利益，即在同样的技术约束下，同样投入的优势区位的厂商比劣等区位的厂商可以获得更高的产出，从而单位产品的成本就相应降低，利润也就随之提高。由于区位的不可位移，这种区位利益引导厂商作出向优势区位聚集的决策。

三、产业关联与地方生产网络

产业关联是指产业间以各种投入和产出为连接纽带的技术经济联系。产业关联的形式多种多样，按产业关联的方向，可将产业关

---

① 郝寿义，安虎森. 区域经济学［M］. 北京：经济科学出版社，1999.

联分为纵向联系和横向联系。纵向联系是一种投入—产出联系，即一个企业的投入是另一个企业的产出，也可以认为是一种基于产业链的纵向产业联系。根据纵向联系的方向，可进一步将纵向联系分为顺向联系和逆向联系。产业间的顺向联系是指某些产业因投入—产出的关系存在生产工序的先后顺序，上游产业部门的产出为下游产业部门的投入，这样沿产业链条一直延续到最终产品生产部门，这些产业部门之间的联系便是顺向联系；逆向联系是指下游产业部门的产出为上游产业部门的投入，如机械设备行业生产的设备和零部件为采掘业所使用，便是一种逆向联系。

在现实的经济运行中，产业部门间的联系方式是很复杂的。在一些产业部门间，顺向联系和逆向联系往往是交织在一起的，有些产业部门间还形成蛛网式的联系。横向联系是为专业化生产部门提供产品与服务的产业联系，如石化工业企业和石化机械设备生产与维修企业之间的生产联系，是一种基于专业化协作基础上的产业联系。

在产业纵向、横向联系的基础上，聚集在特定地区的企业将形成以产业链或产业供应网络为特征的地方生产网络。地方生产网络的形成是产业集群成熟的重要标志，也是产业集群的本质所在。产业间的耦合状态以及由此决定的系统整体性功能的出现与强化，是产业集群稳定的重要基础。

在产业集群内，随着分工和专业化的深入，集群内的产业关联的广度和深度都在加强，最终将形成一种地方生产网络或产业配套体系。同时，由于产业关联受产业属性等因素的影响，产业集群内形成的地方生产网络具有不同的形态，可以归纳为两种基本类型：

（1）因纵向联系而聚集的产业集群，如钢铁生产联合体。这是一种垂直一体化或垂直分离基础上的产业集群，其中的主要聚集经济效应包括具有纵向联系的生产环节的空间聚集带来的运费等的节约、共享基础设施带来的费用节约等。纵向联系除了包括主干联系以外，还包括若干种分支联系。如果这种分支联系十分复杂的话，将会形成一个相当复杂的纵向联系系统。因纵向联系而聚集的产业集群，其另一种形态是平台式的产业集群。在这一类型的产业集群中，产业关联则往往是以产业链的顺向关联为基础，表现为产业链上不同环节的分离与专业化。这种产业集群分工与专业化十分发达，交易环节众多，企业之间关系平等，企业组织是一种网络式结构。这在地区投入—产出表中表现为投入—产出系数中的行和列的增加、非零元素的增加以及系数的分散化趋势。

（2）因横向联系而聚集的产业集群，一般是配套产业的集聚或专业化协作形成的产业集聚。横向联系可以形成多环圈层，即在核心产业的配套产业外面形成第二层的配套产业，在第二层的配套产业以外再形成第三层的配套产业……当出现这种多环圈层的横向联系时，聚集的规模与程度将会随之提高。① 轴心式产业集群的形成往往就是基于这种横向的产业关联，即在核心企业实现规模经济的基础上，围绕核心企业发展辅助企业，形成以该企业为核心，其他辅助性企业或机构依附于该企业而生存的等级组织结构的地方生产网络。

产业关联基础上形成的乘数效应是产业聚集的重要动因。在以产业关联为主导因素形成的产业集群中，核心产业具有较高的产业关联度是产业集群成长的重要条件。

四、共享经济

在外部范围经济和外部规模经济基础上实现的聚集经济效应，

① 周起业等．区域经济学［M］．北京：中国人民大学出版社，1989.

其最明显的表现便是共享经济效应，这种共享包括公共物品的共享，中间产品和专业化服务的共享，劳动力、信息、技术等生产要素供应的共享。

公共物品的供给具有一定的规模门槛，只有产业集群达到一定的规模，公共物品的供给才是经济的。因此，包括基础设施在内的公共物品与产业集群的形成之间是一种双向强化机制，产业集聚形成的规模是公共物品发展的前提条件，而公共物品供给的形成及完善又作为一种重要的产业发展环境，成为产业进一步集聚的重要条件。

中间产品和专业服务的供给也是如此。同类企业的集聚产生的需求是中间产品、辅助行业、专业服务的发展契机。因为，如果一个地区没有聚集众多的同类企业，那么专业提供中间产品和服务是不经济的；而一个地区聚集的同类企业越多，对中间产品和专业服务的需求就越大，中间产品提供商和专业服务提供商就越有可能专业化并实现规模经济，提供的中间产品和专业服务也就越好。而中间产品、辅助行业、专业服务的发展所形成的良好的产业发展环境，反过来又成为重要的聚集因子，吸引产业的集聚。

产业集聚产生的劳动力需求吸引着集群外劳动力的流入，也为集群内的培训、教育机构的发展提供了契机，而劳动力，尤其是专业化人才等高级要素的聚集为集群内的企业提供了一种柔性的劳动力供给平台，吸引着企业的加入。以劳动力尤其是专业化人才为载体的技术，也随着产业及人才的集聚在产业集群内聚集，为集群内的企业所共享。

为集群内企业共享的还有“区位品牌”效应。“区位品牌”效应是指因某一类产品在区位上的集中而形成的品牌效应，或因产业的特殊区位而形成的品牌效应，如法国的香水、意大利的时装、广州的西装等。通过“区位品牌”，一方面可以集中广告费用等投入，改变单个企业广告费用过高的状况，使每个企业都受益；另一方面，“区位品牌”与单个企业品牌相比更形象、更直接，是众多企业品牌精华的浓缩和提炼，更具有广泛的、持续的品牌效应。因为相对来说，集群比单个企业的生命周期要长，单个企业的品牌受企业兴衰的影响可能是短暂的，但集群作为一个整体，其发展相对来说持续的时间要长得多，区位品牌的效应更易持久，可以作为集群的无形资产为集群内的企业所共享。①

产业集群在聚集经济基础上形成的聚集力，最终可形成一种“场”效应，以吸引企业和相关机构的聚集。“场”最初是一个物理学概念。为了解释电和磁的作用，英国物理学家法拉第于1844年引进了场和力线的概念。他认为空间不是绝对虚空，而是布满力线的场，场是一种看不见、摸不着的物质实体，它能传递力的作用。将场论引入经济学，证明了经济场的客观存在。② 产业集群也是一个空间场，通过聚集力吸引流动着的经济资源向这一区域集聚。

第三节　聚集机制的交易费用与社会经济网络分析

新制度经济学的交易费用理论为产业集群的聚集机制提供了一个新的研究视角。新制度经济学认为，分工是提高生产效率的重要途径，但随着分工的深化，交易费用会增加。交易费用是阻碍分工的一个重要因素，有效率的组织和相应的制度安排可以减少交易费用。将新制度经济学的相关理论应用到产业集群分析，其结果显示地方网络可以有效地降低交易成本，吸引企业空间聚集，是重要的

① 魏守华，赵雅沁．企业集群的竞争优势探究［J］．财经问题研究，2002（5）．
② 肖国安．经济场简论［J］．经济学动态，1995（2）．

聚集机制。

一、交易费用理论

交易费用（或成本）是新制度经济学的核心概念，交易费用理论是新制度经济学的基础理论。

交易费用的概念由科斯首次提出，后来的新制度经济学家作了拓展。但关于交易，在旧制度经济学家康芒斯那里已有明确的界定和分类。在 1934 年出版的《制度经济学》一书中，康芒斯以法律的观点来解释社会经济关系，认为经济关系的本质是交易，整个社会是由无数种交易组成的一种有机的组织。交易是在一定的秩序或集体行动的规则中、在利益彼此冲突的组织之间发生的所有权的转移。交易费用的观点是科斯在 1937 年发表的《企业的性质》一文中首次提出的。他将交易费用定义为“利用价格机制的成本”。后来新制度经济学的学者在科斯的基础上，对交易费用的内涵作了进一步分析。阿罗（1969）把交易费用定义为“经济制度运行的费用”；威廉姆森认为，交易费用就是“经济系统运转所要付出的代价或费用”；诺思认为“交易成本是规定和实施构成交易基础契约的成本”。

至于交易费用的种类，一般是从交易过程所包含的不同阶段角度提出的。康芒斯对交易的分类是交易费用分类的基础。康芒斯将交易划分为三种形式：一是买卖的交易，即法律上平等和自由的人们之间自愿的买卖关系；二是管理的交易，是一种以财富的生产为目的的交易，交易的一般原则是效率；三是限额的交易。管理的交易、限额的交易实际上是组织内部的交易。与之相对应，菲吕博顿等就把交易成本分为市场交易成本、管理性交易成本和政治性交易成本三种类型。科斯则认为，交易费用至少包括两项内容：一是发现相对价格的成本；二是交易的谈判与签约的成本。阿罗把交易费用概括为搜寻费用、商议费用和实施费用。威廉姆森（1985）将交易费用划分为两类：事先的交易费用，即起草、谈判、保证落实某种协议的成本；事后的交易费用，指交易发生之后所付的各种费用。

对于交易费用的决定因素，诺思（1981，1990）主要从商品和服务的多维属性、信息不对称、人的机会主义动机和分工与专业化程度等方面进行分析。威廉姆森（1985）则主要从人的因素、与特定交易有关的因素和交易的环境因素三个方面进行分析。其中，对分工与专业化、人的因素（有限理性与机会主义）、与特定交易有关的因素（资产专用性、不确定性、交易频率）等的分析，与产业集群的聚集机制相关。

关于分工和专业化与交易费用的关系，诺思认为，交易费用的产生与分工和专业化程度的提高相关。分工和专业化导致生产成本的下降，但同时导致交易费用的上升，分工和专业化是交易费用的决定因素之一。如果交易费用的上升大于生产成本的节约，则分工和专业化就是不经济的。因此，分工和专业化的发展受到交易费用提高的制约，只有降低交易费用，才能保证分工和专业化的顺利进行。

威廉姆森关于人的因素的分析，从交易主体的角度提出了影响交易费用的主要因素。威廉姆森的交易成本经济学是在新的人性假设基础上来研究合约行为问题的。在他看来，现实的经济生活中的人是“契约人”，有限理性和机会主义行为是其行为特征。正是“契约人”的有限理性和机会主义行为导致了交易成本的产生。有限理性是指人们从事经济活动的动机是有目的、理性的，但仅是有限条件下的理性。信息的不对称和交易的不确定性等是导致有限理性的重要原因，而有限理性又导致了交易成本的上升。机会主义行为是指人们在交易过程中不仅追求个人利益的最大化，而且通过不正当的手段来谋求自身的利益。机会主义的行为直接或间接地导致了信息不对称，其导致的一个直接后果是合同风险。为对付机会主义行为，交易成本必然上升。总之，人的有限理性和机会主义行为的存在，导致了交易活动的复杂性，使得交易成本增加。

威廉姆森关于特定交易有关因素的分析则主要是从交易过程角度来分析影响交易费用的因素。与特定交易有关的因素包括资产专业性、不确定性和交易频率。资产专用性可分为六种类型：场地专用性、物质资产专用性、人力资产专用性、专项资产专用性、品牌资产专用性和临时专用性。资产专用性越高，沉没成本就越大，就越需要有特定的组织形式来保证交易的可靠性。交易的不确定性包括信息不对称的不确定性。当交易过程中不确定性很高时，交易风险增大，为防范风险，交易费用也就提高了。交易频率是指交易发生的次数，它并不会影响交易成本的绝对值，但会影响各种交易方式的相对成本。交易成本与交易频率的关系是，在重复性交易中，交易成本随着交易频率的增加而递减。

交易费用虽然无法彻底消除，却是可以降低的。在新制度经济学家看来，制度和有效的组织是降低交易费用的主要力量。如当市场方式下交易费用高昂时，企业的垂直一体化可以替代市场交易而节省交易费用，企业被看作是市场交易的“内在化”。威廉姆森认为，不同的交易类型需要不同的治理结构（经济组织方式）来匹配，目的是实现交易成本的最小化。威廉姆森从资产专用性、交易的不确定性和交易频率这三个维度出发，将交易分为六种类型，并提出与此相匹配的治理结构。他认为，当交易的不确定性、交易频率和资产专用性这三个特质指标都处于较低水平时，市场是有效率的交易协调手段，市场组织就是最有效率的经济组织；在交易不确定性、交易频率和资产专用性都处于较高水平时，企业等级规制结构替代市场规制结构就是有效率的组织安排；当交易的特质处于这两种情况之间时，双边、多边和混合的中间规制组织就是最有效率的组织结构，产业集群就是其中的一种。①

中间性体制组织是企业与市场相互渗透并且相互作用而形成的制度安排，是一种效率较高的企业合作制度，也称为企业网络组织。与企业和市场组织相比，中间性体制组织（企业网络组织）有自己的鲜明特征。根据这些特征，可以把产业集群概括为一种介于市场和企业之间，比市场稳定、比企业组织灵活，资产专用性适中，信用程度中等偏高，既竞争又合作、既相互独立又相互依存，主要依靠关系、信任和承诺来进行协调的中间性体制组织（见下表）。产业集群作为一种中间性体制组织具有企业网络的性质。②

市场经济中三种治理（体制）组织比较

项　目	科层组织	中间性组织	市场组织
资产和资源	资产专用性高	资产专用性适中	资产专用性低
信用	低	中等偏高	低
交易	长期反复内部交易	中等偏长期企业间交易	短期低概率重复交易
边界	固定、刚性	柔性、可渗透	具体、完全、细微
产品批量	大批量、大规模	规模化、定制化	变化大、现货合约
合作性	最强	较强	差
竞争性	弱	较强	最强
调节参与点	计划	契约和隐合同	供求
调节分界线	强制调节	联合调节	自我调节
弹性	低	中等	高
行动者意愿	依附	相互依附	独立

资料来源：根据 Richard Larsson（1993）、张其仔（2001）、郑胜利（2003）等的著作归纳整理。

① 袁庆明．新制度经济学［M］．北京：中国发展出版社，2005.
② 吴德进．产业集群的组织性质：属性与内涵［J］．中国工业经济，2004（7）.

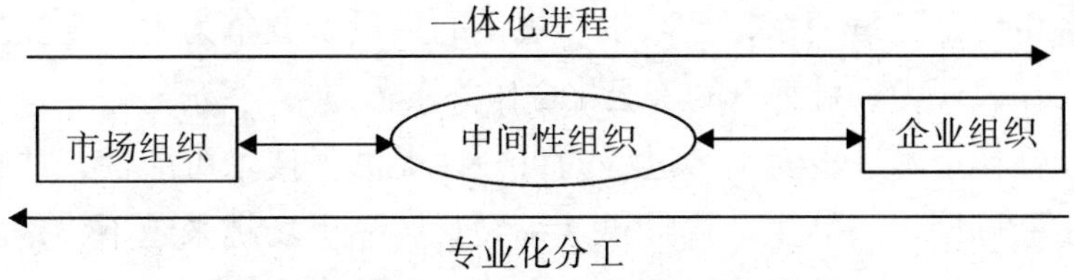

市场组织、中间性体制组织和企业组织的关系[①]

二、分工与产业组织的演变

分工是专业化形成的基础，分工的成本表现为交易费用。分工促进交易，分工的收益通过交易得以实现，分工的成本也表现为交易成本。人们为减少交易成本而追求生产协作，这既促进了产业组织的演化，又引发了产业空间聚集。

产业组织形式可以分为三大类：纯市场形式（pure market），即无序的小企业组织；等级形式（hierarchy），即大企业组织；网络组织形式（network organization），即有序的小企业组织。伴随着新科技革命的推进，产业组织变革的一个基本趋势是新的灵活专业化的生产组织方式（“柔性专业化”，Flexible Specialization，Scott，1989），正逐步取代传统的标准化大批量生产的组织方式（“福特制”，Fordism）。

在“福特制”生产组织方式中，大规模的生产需要稳定的供货渠道和相应的市场规模，企业内部规模经济对于这一生产方式下的企业而言显得十分重要，企业往往形成垂直一体化的企业内部组织结构。当企业内部管理成本加大时，就倾向于将生产环节的部分职能以转包的形式转移给中小企业，形成企业组织的垂直分化。无论是垂直一体化还是垂直分化，生产组织的垂直等级化是其共同特征。在大量的市场交易转变为企业内的资源的组织过程中，企业之间的

① 吴德进．产业集群的组织性质：属性与内涵［J］．中国工业的经济，2004（7）．

关系主要是竞争关系，且以生产规模的数量型竞争为主。企业之间的合作表现为一种垂直的等级化合作关系。

当代技术进步为生产过程的可分性提供了技术可能性，并且技术生命周期和产品生命周期迅速缩短，商品市场越来越不稳定。同时，多样化的市场需求要求生产过程更加灵活和柔性。在技术和市场的共同作用下，分工进一步深化，包括企业内分工及企业之间的垂直分化和水平分工的发展。分工的深化加强和促进了产业联系的产生和发展，并使之复杂化。产业联系从单纯的物质联系，发展为信息、技术与市场等非物质联系，导致企业联系的日益扩大与复杂化、企业之间交易的复杂化和交易成本的上升，以及企业之间合作要求的增强，并引致企业组织形式的改变，因为此时需要一种介于企业和市场之间的新的企业组织形式来降低交易费用。在这种背景下，企业组织形式由独立企业走向企业联盟或网络化发展，导致了“柔性专业化”生产组织方式的出现与发展。

三、本地社会经济网络与交易费用的节约

“柔性专业化”生产组织方式的出现，改变了“福特制”生产组织方式的交易特征与类型。在“福特制”生产方式下，企业一体化成为降低交易成本的有效组织方式，而在“柔性专业化”生产组织方式下，分工和专业化程度提高导致交易费用的提高。随着交易环节的增多、交易频率的增加、交易不确定性的提高、资产的专用性尤其是人力资产专用性的提高，交易的成本都在提高，中间性体制组织（网络组织）就成为必然的选择，而地理集中的本地网络（社会经济网络）由于能有效地降低交易成本，成为新背景下导致企业空间聚集的重要机制。

本地网络是指根植于本地社会网络之中的经济网络。这是因为，

企业之间的相互竞争与协作构成的经济网络是该区域内各种经济行为体通过社会联系而组成的社会网络的载体。产业集群的成功依赖于经济网络和社会网络的有机结合与互动。社会网络与经济网络相互嵌套、相互促进，社会组织和经济组织融合，可减少交易费用，促进分工，产生新的生产力。也就是说，地理接近和社会根植这两组效应共同构成了产业集群在降低交易费用上的优势。

降低基于本地网络的交易费用的主要途径包括：

（1）地理上的邻近通过降低信息的不确定性来提高经济主体的信息生产效率，从而降低其为交易而付出的信息搜寻成本（交易费用）。“柔性专业化”生产特别是即时生产需要根据需求变化而及时调整生产，由此引起要素供应的变化，此时最先进的交通和通信工具也不能取代供应商、生产商和客户之间的地理接近与信息上的经常性沟通，这样也就导致了产业集群的产生。安虎森认为，空间距离通过作用于信息的不确定性来降低经济主体的信息生产效率，从而增加其为交易而付出的信息搜寻成本（交易费用），并指出这是经济活动空间集聚的主要动因。①

（2）在社会网络带来的交易费用的节约中，最重要的是与地缘、亲缘相联系的人文纽带可以加强供应商与客户间的承诺和信任，从而使中间产品的交易能够非常顺畅地完成。即有效地消除交易的机会主义行为，从而降低交易费用。

（3）企业的社会根植性导致交易费用下降是企业集群产生的另一重要原因。企业的经济活动是根植于地方社会网络的，企业间、人与人之间的合作往往基于共同的社会文化背景和共同的价值观念。若彼此之间信任度高，会促使交易双方和约的达成和履行，提高交易效率，降低交易费用。格兰诺维特（Granovetter）用“根植性”

① 安虎森．空间接近与不确定性的降低——经济活动聚集与分散的一种解释［J］．南开经济研究，2001（3）．

描述那些使交易行为偏离利润最大化目标的非经济因素的社会影响。以格兰诺维特为代表的新经济社会学家认为，经济行为是植根于网络与制度中的，而这种网络与制度是由社会构筑并具有文化意义的，他也特别强调非贸易的相互依赖性。

这种非贸易的相互依赖性的主要表现就是影响社会网络正常运行的基本因素，即良好的信用和相互间的信任。根植于以信任为基础的社会网络中的企业的行为有三个特征：一是社会网络中的企业更愿意合作承担风险，而不害怕机会主义行为；二是企业愿意重新组织他们的关系，而不必害怕报复；三是企业更愿意采取集体行动以达到互利的共同目标。

有效的组织还需要制度的约束。制度是约束和规范个人行为的各种规则。组织是在基础规则即制度下，为实现一定目标而创立的个人团体。要保证产业集群这种中间性体制组织能有效地运行（降低交易费用），还需要相应的制度安排。完善的制度的形成是产业集群成熟的重要标志。

第四节　聚集机制的技术创新分析

由于产业集群具有的地理集聚性所带来的企业之间独特的竞争合作关系和所在区域的要素集聚与升级，以及产业集群网络结构和信息的汇集等特征，产业集群形成了独特的创新优势，并拥有了高效率的技术创新和基于技术创新基础上的产业集群竞争力。

一、产业集群技术创新效应研究综述

关于产业集群的技术创新效应，马歇尔早有阐述，但引起学术

界的广泛关注与深入探讨还是近十多年的事。

马歇尔在其产业区理论中首先提到了产业集群的技术创新效应，提出产业区的存在有利于技能、信息、技术诀窍和新思想在产业区内企业之间的传播和应用，认为在产业区内知识是“弥漫在空气中”的公共物品，为产业区内的企业所共享。

他在《经济学原理》一书中写道：“当一种工业已这样地选择了自己的地方时，它是会长久地设在那里的。因此，从事需要同样技能行业的人，相互从邻近的地方得到的利益是很大的。行业的秘密不再成为秘密，而似乎是公开了，同行们不知不觉学到了许多秘密。优良的工作受到正确的赏识，机械上以及制造方法和企业的一般组织上的发明和改良成绩得到迅速研究；如果一个人有了新思想，就为别人所采纳，并与别人的意见结合起来，因此，它就成为更新思想之源泉。”①

以意大利的 Becattini，Dei Ottanti 和 Bellandi 等学者为主要代表的新马歇尔主义学派在此基础上有所发展，认为产业区是一种“认知实验室”（cognitive laboratory），并对产业区的知识溢出与扩散方式有新的论述。

波特在应用其“钻石理论”分析产业集群时，也提到了产业集群的技术创新效应，认为产业集群能够提高集群内企业的持续创新能力，并日益成为创新的中心。他在分析“钻石体系”的基本要素之一（企业）时提到，国内市场强有力的竞争对手的存在是产业竞争力的重要来源，其机制是竞争带来的创新压力加速了企业的技术创新活动。在这一过程中，产业集群的竞争—合作关系对提升产业竞争力有明显作用，同行或相关行业的企业的集聚促成了信息、技术的交流，进而促进了技术的创新。同时，这种网络造成的竞争优

---

① ［英］马歇尔．经济学原理（上卷）［M］．朱志泰译．北京：商务印书馆，1964.

势带有本土化的特征（根植性），这种本土化的特征促成了区域特色的显现。①

在波特之后的产业集群研究中，越来越多的学者开始把群落学引入创新理论，从创新环境、创新网络、创新系统等角度探讨了技术创新的集群效应。Margan（1996）、Lagendifk 和 Charles（1997）认为，创新过程根植于生产网络或者生产群的制度环境内。Lundvall（1992）等人认为创新是一种交互过程，同时也是一种社会过程，它的成功演化需要一种网络环境，集群更适合这种环境。Walz（1996）的研究表明，创新的区域集中与集群内技术等要素的溢出效应密切相关。Bergman 和 Feser（1999）概述了集群的创新优势来源：外部经济、创新环境、合作竞争与路径依赖。Marceau（1997）的实证研究显示，创新集群内公司间的交互作用最有可能有效地产生创新。C. DeBresson（1996）提出"创新相互依赖假设"，认为创新倾向于通过经济网络的前向和后向联系群集在一起。Baldwin 和 Scott（1987）等人在研究了新产业区的中小企业聚集而形成的合作与共同发展关系之后认为，中小企业之间的这种有效的合作网络，产生了一种内生创新动力，使当地经济迅速增长。

此外，技术创新学派从产业集群内知识溢出、技术扩散与技术创新之间的作用机制角度，对这一问题的研究作出了贡献。其中，将知识分为隐性知识与编码化知识推进了对产业集群内知识溢出与技术扩散的认识，以及知识溢出与技术扩散对技术创新促进作用机制的认识；对地理邻近性对于创新的重要性在产业生命周期的不同阶段而不同的观点有了新的认识，对不同类型产业集群形成与发展中技术创新的作用机制有了新的认识。

国内关于产业集群技术创新效应的研究开始是散见于各种关于

① ［美］迈克尔·波特．国家竞争优势［M］．李明轩，邱如美译．北京：华夏出版社，2002.

产业集群和区域创新系统的专著中，后有不少的论文专述，最近有一些专著出版。

王缉慈教授在《创新的空间：企业集群与区域发展》一书中，从产业集聚理论回顾的角度评述了创新环境和创新系统学派。尚勇、朱传柏在他们1999年的著作《区域创新系统的理论与实践》中，探讨了企业空间集聚问题，提出区域创新网络是空间集聚的有效载体，但该书的落脚点是企业空间集聚。仇保兴在他的博士论文中讨论了技术创新在企业集群内部的扩散方式和由此带来的技术创新“集群效应”，分析了小企业集群与技术创新之间的关系，应该说这是目前在运用群落学探讨中小企业技术创新问题方面研究得比较深入的一本著作。但由于该内容不是其博士论文的重点和聚焦之处，因此诸如作用机制等重要问题还没有涉及，研究也不够系统。

关于产业集群技术创新效应的论文在最近几年中迅速增加，其中，有对国外产业集群技术创新效应进行研究的（刘友金，2002；李琳，袁灵，2004），他们对国外产业集群的技术创新效应的主要理论流派作了详细的介绍与评述；有关于产业集群与技术创新关系的论述（朱明英，2003；白云，2004），明确提出技术创新是产业集群形成的重要力量，产业集群内存在着有利于创新的环境与机制；还有关于产业集群内知识溢出、技术扩散以及产业集群技术能力提升机制的研究（王旺兴，2003；江照华，2004；魏江，2003），对产业集群内知识的溢出与技术扩散的机制有了一些新的认识，对产业集群技术能力的提升有了新的观点。

综合上述的理论研究，我们认为产业集群的技术创新效应可以归纳为：产业集群的技术创新动力效应、产业集群的知识溢出与学习经济效应、产业集群的创新网络与集体学习效应、产业集群的要素集聚与提升效应。

二、产业集群的技术创新动力效应

产业集群的技术创新动力效应包括由需求的拉动和竞争的压力驱动的技术创新。

根据波特的钻石理论，市场需求尤其是高层次、挑剔型客户的需求是刺激企业创新的重要动力。当产业集群达到一定规模时，这一产业的集中生产地和产品供应地会吸引大量客户，成为这一产业需求信息的集中地。随着客户需求的增加，客户需求层次也会提高，当区域内的客户对产品的需求是“国内或全球最挑剔也最精致”时，需求就成为集群内开展技术创新的非常重要的动力源泉，刺激企业进行技术创新，从而带动整个产业的技术创新。

集群内的企业在共享由需求牵引的技术创新动力的同时，还受到集群内同类企业集聚所带来的竞争对技术创新的压力。由于地理位置接近，产业集群内部的竞争自强化机制将在集群内形成“优胜劣汰”的自然选择机制，竞争的隐性压力迫使企业不断进行技术创新，以求在集群内的企业竞争中胜出。

在需求的拉动和竞争的压力下，产业集群内技术创新的动力远强于产业集群外的企业，强劲的技术创新动力是产业集群内企业提升技术创新盈利竞争力的重要因素。

三、产业集群的知识溢出与学习经济效应

产业集群内企业为了适应市场的需求和赢得竞争而进行的技术创新活动需要知识的支撑。产业集群的知识溢出为产业集群内的企业技术创新提供了良好的创新基础，在此基础上形成的“学习经济”是集群内企业技术创新高效率的重要支持。

集群的地理集中性带来了产业集群内部知识和技术的集聚与扩散，从而为其中的企业技术创新提供了良好的创新基础。在产业集群的形成过程中，同类企业或相关企业在特定地域的集聚，引致专业知识的地理集中，基于地理邻近性和社会网络基础上的知识溢出加速了知识在集群内的扩散，使得知识成为“弥漫在空气中”的公共物品，为集群内的企业所共享。技术尤其是产业基础技术和共性技术共享降低了技术创新的平均成本，从而提高了创新集群的整体创新效率，形成了在技术共享基础上的范围经济。集群内的企业只要在集群内的产业基础技术和共性技术基础上，就可以开展一系列相关的创新活动。在技术共享和知识外溢基础上形成的“学习经济”和集群内企业的“集体学习”加速了产业知识的创新与集聚，从而形成了产业技术能力的良性螺旋式累积，并在这一过程中逐渐成为带有“根植性”的知识。

从知识的属性来看，创新过程不仅需要显性知识的支撑，还涉及大量的隐性知识。集群内空间接近性和共同的产业文化背景，不仅可以加强显性知识的传播与扩散，更重要的是可以加强隐性知识的传播与扩散，并通过隐性知识的快速流动，进一步促进显性知识的流动与扩散，由此形成知识的溢出效应，获取“学习经济”，增强企业的创新能力。

从知识的属性来看，知识可分为显性知识与隐性知识。显性知识又称为编码化知识（codified knowledge），是一种能明晰表达的正式和规范的知识。显性知识的传播往往可以通过格式化的方式在远距离内实现。显性知识往往被认为带有公共物品的性质，可以被共享，可以在边际成本为零的情况下被其他使用者所使用。

隐性知识（tacit knowledge）是一种高度专业化和背景依赖性知识，主要体现为人们“具有做专业化事情的能力”。这类知识存在于组织内个人的专业技能、团体的特殊关系之中，也存在于特别的规范、态度、信息处理以及决策程序之中。进一步的研究显示，根据编码化的程度，知识可分为三种类型（Cowun，David & Foray，2000）。[1] 第一种是能被清楚表达的编码化知识：电码本存在并且易于获得；第二种是不能被清楚表达的编码化知识以及被转移的电码本：共有知识的编码体存在，但对于外面的观察者来说，它既不明显也不明白；第三种是隐性知识，根本不存在电码本。第二、三种之间的区分很重要，因为它定义了"纯隐性"（pure tacitness）和"表面上隐性"（apparent tacitness）之间的界限。"表面上隐性"是指，在外部观察者看来是隐性知识，实际上通过同一"互识社团"成员之间的共同语言和译码，能被编码化和传递的知识。也就是说，互识社团是具有相同语言（圈内语言、技术术语、行话等）的个体和企业的网络，共同的圈内语言能被编码化，却不容易被"外人"理解，因为他们没有获取解释这种语言的电码本。隐性知识具有高度性资产特征，不易传播与扩散，往往只能在近距离内，通过非正式的面对面的交流等途径来实现。隐性知识被认为是企业、集群、区域竞争优势的重要基础。在经济全球化背景下，根植于本地的隐性知识是参与全球竞争的关键资源。

同类企业和相关组织在特定地域范围内集聚，促进了显性知识的积累与传播，使集群所在地成为这类专业化知识的集中地，降低了集群内的企业在专业知识的搜寻方面的成本。集群内企业与相关支撑机构的空间邻近及其互动关系的形成，促使知识、技术与市场信息在它们之间流动，有利于双方共同开展创新活动。集群内信息的交流能使集群内的组织在较短时间内清楚地了解产业内的知识以及拥有这些知识的专家的状态，这为企业寻找所需要的知识以及相应的专家提供了便利，降低了有关信息的搜寻成本。在显性知识的

① Cowan R. , David P. A. & Foray D. The Explicit of Economics of Knowledge Codification and Tacitness [J] . *Industrial and Corporate Change*, 2000 (9): 2.

积累和扩散的过程中，获取外部的显性知识对于知识的累积具有重要意义。在获取外部的显性知识方面，将集群内的企业纳入“全球价值链”是获取国外显性知识并提升产业集群竞争力的重要途径。其中，国外的大采购商和产业链上的合作者是国外集群知识源的主要载体，而将产业集群内的组织融入区域创新系统及国家创新系统，是获取国内外知识的重要途径。在获取外部知识的同时，更为重要的是获取的外部知识与集群内知识的结合。在这一过程中，集群的吸收能力是关键。集群的吸收能力是由企业的吸收能力概念演变而来的，指集群识别、吸收、利用来自集群外部知识源的能力。① 集群的吸收能力取决于集群内每个行为主体对外部知识源的吸收能力以及它们之间的交互作用。我们可将集群内具有较高技术能力的行为主体称为“技术或知识守门人”（technological or knowledge gate-keepers），而将集群内技术能力较低的行为主体称为“非技术守门人”（non-technological or knowledge gate-keepers），集群的动态演变主要受群内关键性主体即“技术守门人”的行为所影响，它们决定了集群对外部知识源的吸收能力与过程。具体地讲，在集群的知识获取与扩散过程中，“技术守门人”充当外部技术变革的“接收器”的角色，在一定程度上发挥“译码器”的功能。然后，通过“技术守门人”与“非技术守门人”之间的交互作用，将外部知识源扩散到集群内其他行为主体，从而增加整个集群的知识积累，提升技术能力。因此，集群中企业的学习模式决定了地方知识系统和集群与外部知识源之间的联系；集群中“技术守门人”的吸收能力及其与“非技术守门人”之间的交互作用，决定了集群的知识获取、扩散、

① Cohen, Levinthal. Absorptive Capacity: A New Perspective on Learning and Innovation [J]. *Administrative Science Quarterly*, 1990, 35 (1).

积累，最后引致知识创新的动态过程。①

但对于产业集群内的企业来说，集群对企业技术创新的支持效应更重要的表现是隐性知识的累积和传播。其中的原因主要有两个方面：一是企业所拥有的许多知识是隐性知识。根据统计，企业中隐性知识大约占知识总量的90%，企业的核心竞争力往往是建立在其隐性知识之上的。二是隐性知识难以用格式化的方式表述，也就难以通过正式的方式沟通和转移，只有通过应用和实践才可外显并获得。因此，隐性知识在组织之间的转移是缓慢的、成本昂贵的，效用是不确定的。产业集群内相关组织的地理邻近性为隐性知识的传播和累积提供了空间上的可能性。频繁的非正式交流、产业链上下游企业的合作关系、集群内专业性人才的流动、企业衍生等为隐性知识的传播提供了实现的途径。

以隐性知识溢出为主的知识溢出带来集群的知识溢出效应，即通过知识的非自愿扩散促进当地技术和生产力水平的提高，是经济外部性的一种表现。由于知识的溢出，集群内形成了在知识共享基础上的“集体学习”，在完成知识累积的同时降低了成本，使得集群出现了明显的“学习经济”效应。“集体学习”是集群内组织之间通过基于共同的规则和组织管理程序的交互作用机制而产生的知识积累与转移的动态过程。

四、产业集群的创新网络与集体学习效应

产业集群的这种螺旋式的知识累积来源于产业集群的网络结构及在此基础上形成的创新网络。

随着创新活动的复杂化和知识、技术更新的加快，创新的组织

① 李琳，袁灵．产业集群中的知识流动与创新机制研究述评［J］．社会科学家，2004（5）．

形式已经发生了很大的变化，企业的技术创新活动日益呈现出网络模式。企业与其他企业的合作，包括垂直供应链上的企业的合作和水平的企业间的合作、企业与其他机构的合作等，成为企业技术创新活动成功的重要因素。

集群中的大多数创新型企业都同供应商、竞争对手、客户或设备供应商进行合作，与供应商和客户保持密切的联系，依赖于供应商和客户拥有的互补性技术和能力，形成合作网络，促进相互学习与创新。为了保证在创新过程中取得成功，创新企业越来越依赖于集群内其他企业和研究机构的知识与诀窍。

产业集群的生产网络是产业集群中的企业进行合作创新的重要组织基础。集群内领先的企业会主导产业技术发展方向，一旦某项核心技术获得创新性突破，在集群区内专业细分的企业很快会协同创新，相互支持，共同参与这种网络化的创新模式，包括处于产业链不同环节的企业之间的合作创新，以及处于同一环节的企业之间的合作创新。基于这种网络性结构的合作创新使得产业集群中的企业形成了一种集体学习机制，技术创新效率普遍较高。

创新网络可以有效降低创新活动中技术和市场的不确定性，克服单个企业在从事复杂技术系统创新时的能力局限，从而使网络的成员在协作创新中赢得正和游戏带来的收益增长。而这些功效的发挥似乎跟创新网络的空间配置又有很大关系。本地化的网络比跨国技术联盟更能持久，原因是地理邻近带来了可以维持并强化创新网络的支撑因素，如文化认同和相互信任等，从而有助于网络治理和提高协作创新的效率。

五、产业集群的要素集聚与提升效应

在《国家竞争优势》一书中，波特提出用钻石体系打造国家

(区域)竞争优势。在波特的钻石体系中，生产要素包括人力资源、天然资源、知识资源、资本资源及基础设施。对于生产要素有两种分类方法：一种是将其分为初级生产要素(basic factor)和高级生产要素(advanced factor)，初级生产要素包括天然资源、非熟练劳动力、资本资源等，高级生产要素包括人力资源和研发人员、知识资源、技术基础设施等。初级生产要素和高级生产要素的区别在于，前者是被动继承或容易获得的，也容易转移或丧失，而后者通常是创造出来的，既不易获得也不易转移或丧失。在对竞争优势的贡献上，初级生产要素的重要性越来越低，而高级生产要素的重要性越来越高。另一种是按照生产要素的专业程度分为一般性生产要素(generalized factor)和专业性生产要素(specialized factor)。一般性生产要素是各类产业都通用的生产要素，专业性生产要素是针对某一产业的生产要素。高级生产要素或专业性生产要素是产业集群竞争力及其升级的重要基础。一般而言，高级生产要素多半有专业化的倾向。专业性生产要素提供给产业更具决定性和持续力的竞争优势基础。一个国家或区域要经由生产要素建立起产业强大又持久的竞争优势，必须发展高级生产要素和专业性生产要素。这两类生产要素的可获得性与水平决定了竞争优势的质量以及竞争优势能否升级；反之，当国家或区域的竞争优势是建立在初级生产要素或一般性生产要素上时，这种竞争优势通常是浮动不稳的。因此，能否集聚高级生产要素或专业性生产要素，能否实现生产要素的持续升级与专业化，是产业集群是否具有竞争优势，以及竞争优势是否持续的基础条件。更值得注意的是，生产要素升级的机制远比拥有生产要素的程度重要。①

产业集群中同类企业的集中以及持续、强劲的技术创新带来对

① [美] 迈克尔·波特. 国家竞争优势 [M]. 李明轩，邱如美译. 北京：华夏出版社，2002.

产业发展所需的高级要素的强劲需求，强化了对外部高级要素的吸引力，将外部的高级要素吸引到集群中，进而引发了知识技能的集聚。集群内企业与相关的研发机构及教育培训机构的互动将会形成高级要素的生成机构，即集群内研发机构与教育培训机构及企业之间的紧密的交流和合作使它们更了解市场对人才的需求结构与需求量，能适时地调整其专业结构，使人才培养更具针对性。同时，研发机构与教育培训机构及企业之间的紧密结合也为集群内企业员工的再培训提供了便利。产业集群中的外部高级要素和当地高级要素的融合，将引发新一轮更大规模的知识／技能集聚与扩散。高级要素及其基础上的知识技能的集聚与扩散的升级运动，不仅可提高产业集群的创新能力，而且有助于产业集群创新优势的持续发展。

第四章　创新集群与集群式创新

随着技术创新对提升产业集群及集群中企业竞争力作用的增强，集群中企业的技术创新活动成为产业集群研究的重点。技术创新群集现象下的创新集群是产业集群技术创新的规律所在，产业集群的地理集中性与网络结构是企业采取合作创新的重要促成因素，以合作创新为主要形式的产业集群内企业的技术创新活动形成了一种独特的集群式创新形式和集群创新网络。以创新集群规律为基础，以合作创新为主要形式的集群式创新和创新网络，是产业集群技术创新效应以及产业集群技术创新效应基础上产业集群竞争力的重要源泉。

第一节　创新集群——技术创新的时空分布规律

创新集群是指技术创新成群出现的现象，是技术关联基础上形成的技术创新时空分布规律的表现。技术关联基础上的技术创新空间聚集形成的“T 型创新集群”和其他技术创新空间聚集机制，是产业集群技术创新活动的客观规律所在。

一、创新集群的含义及其类型

关于创新集群，英文有三种表达方式：innovation in groups，innovative clusters，innovation-based clusters，含义各不相同。第一种是从技术创新时空分布的角度加以规定的技术创新集群（简称创新集群，innovation in groups or swarms），即创新具有在一定的时间和空间成群出现的特性，创新成群出现的现象称为创新集群。① 第二种是从创新系统角度提出的创新集群，是 OECD 在推出国家创新系统（NIS）概念后提出的新概念。从创新系统的视野来看，创新集群可以看作被简化了的国家创新系统（Reduced-NIS）。② 这一内涵的创新集群与下面阐述的产业集群创新系统相近。第三种是从产业集群角度提出的创新集群，也称为创新型集群，是与低成本型集群相对应的一个概念，认为创新型集群是以产品差异化战略为竞争战略、以技术创新为主要动力的产业集群。还有一种观点认为创新集群是产业集群的一种类型，创新集群是发展非常成熟和先进的一种集群形式。③ 本研究中所指的创新集群是第一种含义的创新集群，是指技术创新成群出现的现象。

技术创新在时间和产业领域的集中是由熊彼特最早提出的："创新不是孤立事件，并且不是在时间上均匀地发生，而是相反，它们趋于集群，或者说，成簇地发生，这仅仅是因为在成功的创新之后，首先是一些企业，接着是大多灵敏企业会步其后尘；其次，创新甚至不是随机地均匀分布于整个经济系统，而是集中于某些部门及其

① 傅家骥．技术创新学［M］．北京：清华大学出版社，1998.

② Pim Den Hertog，Svend Remoe. *Innovative Clusters：Drivers of National Innovation Systems*［R］. OECD，2001.

③ 骆静，聂鸣．创新集群及其分类研究［J］．科学学与科学技术管理，2003（3）.

邻近部门。”美国经济学家罗森伯格进而把创新集群分为时间意义上的创新集群和空间意义上的创新集群。

时间意义上的创新集群是指技术上无直接联系，仅由需求全面旺盛或其他有利条件共同刺激所引起的创新集群，称为“M型创新集群”。在“M型创新集群”的基础上开展的对技术创新持续性以及技术生命周期与创新频度之间关系的研究，延伸出技术创新与经济周期之间的互动关系理论。

空间意义上的创新集群，是指当出现一项或少数几项可为大量的改进型创新提供基础的重大创新时所诱发的创新集群，称为“T型创新集群”。“T型创新集群”是一种建立在共有的通用技术基础上的创新集群，是技术关联型的创新集群。

对于产业集群来说，我们关注的是集群内企业及其企业之间的技术创新模式及其联系。因此，我们研究的焦点是“T型创新集群”。

二、“T型创新集群”的创新模式

“T型创新集群”是建立在技术关联基础上的技术创新集群。

这种技术关联包括：技术轨道、技术的通用性和产业间的技术关联。相应的有三种典型模式：基于技术轨道的顺轨性技术创新集群，基于技术平台的衍生性技术创新集群，基于技术关联的渗透性技术创新集群。

技术轨道是指特定行业或企业创新努力时的某个技术方向。技术轨道是基于技术范式的。技术范式是指解决某类技术问题的一种通行的模型、模式或规范性思路。基于技术轨道的顺轨性技术创新是指在同一技术范式下沿着某一技术轨道的持续性创新，多为渐进性的产品创新与工艺创新，其结果多为产品的升级换代。

基于技术平台的衍生性技术创新集群是指在特定的技术平台上，

以满足市场的差异化需求为目的的创新活动集群。即在不改变主要生产技术和产品元件的条件下，通过局部变动产品设计而改变产品的一些辅助功能。不改变的主要生产技术称为平台性技术，是在某一产品领域内，设计、生产和制造一系列产品所共用的技术。一组平台性技术的集合称为一个技术平台。因此，基于技术平台的衍生性技术创新实际上是技术平台基础上的辅助技术创新，其结果是形成一个创新产品集群。

表 4-1　"T 型创新集群"的三种模式

	顺轨性技术创新集群	衍生性技术创新集群	渗透性技术创新集群
案　例	Intel 计算机微处理器	索尼的随身听	—
实质性内容	创新产品技术性能的变化	核心技术（技术平台）基础上的辅助技术创新	技术积累基础上的拓展
关键	技术轨道、技术范式	技术平台、技术的通用性	技术关联域、技术亲近度
特征	持续创新行为	功能增加、外形或结构改变	向上游、下游拓展，向工艺相近、互补产品的拓展

基于技术关联的渗透性技术创新集群实际上有两种含义：一种是建立在产业技术关联基础上的企业进入相关技术领域形成的技术创新集群；另一种是建立在产业物质投入—产出关系基础上的，进入供应链的上下游和相关领域而形成的技术创新集群。其中，前一种创新集群的形成中关键的因素是技术亲近度，即不同技术之间在原理上或技术构成要素及结构上的相近程度。在技术亲近度高的领域往往容易形成这种类型的创新集群。后一种类型的创新集群的常

见模式有两种：一是在供需关系的基础上，向产业的上下游领域渗透；二是在互补关系的基础上，向工艺相近的领域、有互补关系的领域渗透。基于技术关联的渗透性技术创新集群的结果往往是创新产品的多元化（见表4-1）。

其中，基于技术轨道的顺轨性技术创新集群和基于技术平台的衍生性技术创新集群表现出创新供给引发的特征，称为使用性技术创新集群；基于技术关联的渗透性技术创新集群则表现出明显的创新需求引发的特征，称为支持性技术创新集群。使用性技术创新集群是指，一项新技术或新产品出现后，会在不同的企业或产业扩散，导致许多企业采用该技术或产品在此基础上进行再创新，从而形成围绕此项技术创新供给的技术创新集群。支持性技术创新集群是指，社会与经济发展的需要往往引发某项重要的技术创新，而该技术创新需要其他相关技术创新的支持，于是，市场对某项产品或技术需求通过技术关联的链条，传递到能够对这项产品或技术的发展提供支持的上游产业，引发了上游产业中众多企业的技术创新，诱发其他行业或企业的相关创新活动，从而形成新集群的链状模式，如汽车制造业发展带动的配套产品技术创新。

三、创新集群形成的原因

正如技术创新的根本动力来源于技术的进展与经济的发展一样，创新集群的根本原因主要源于技术、经济两个方面。从技术上看，技术机会、技术积累促成了技术创新的结群聚集①；而从经济的角度看，市场需求、企业竞争、创新收益递减是技术创新集群形成的主要原因。

① 温新民等．创新中技术群、企业群的聚集机制［J］．科学学与科学技术管理，2001（6）．

技术突破的推动是创新集群形成的技术基础。对于顺轨性创新集群来说，从技术上看，一项根本性的创新技术在其形成初期往往有较大的改进余地，沿着这项技术的技术轨道可以发现许多进行渐进性创新的技术机会，这些技术机会的存在是顺轨性创新集群产生的重要原因。企业内部会为了抓住这些技术机会开展后续的顺轨性创新，并形成顺轨性创新与技术积累的良性循环。即当企业沿某条技术轨道创新获得首次成功后，也会形成相应的技术积累，这些积累可以为企业从事进一步的顺轨性创新提供技术上的支持。当技术轨道本身存在较大的创新潜力时，这种技术积累上的优势会诱使企业继续进行顺轨性创新。这样就会形成一种技术积累与顺轨性创新的互动机制——顺轨性创新带来新的技术积累，新的技术积累又会推动企业进行顺轨性创新。不同的企业也会抓住这些技术机会开展创新活动，从而形成企业间的顺轨性技术创新集群。顺轨性技术创新集群的优势在于技术积累基础上的技术升级的营利能力。对于衍生性技术创新集群来说，一项通用性较强的关键技术的突破，为不同行业或同一行业的不同领域利用这项技术开展技术创新、开发新产品提供了技术机会。如纳米技术的突破既为材料行业的技术创新和新产品开发提供了技术机会，也为其他行业利用这一技术进行技术创新提供了技术机会。具备了技术平台的企业会抓住这一技术机会，以技术平台为基础开发系列产品，实现企业内部的范围经济。不同的企业也会利用这一技术的突破开展技术创新与产品开发，从而形成围绕这一技术平台或核心技术的系列性技术创新，形成基于技术平台基础上的企业间技术创新集群。基于技术平台基础上的衍生性技术创新集群的优势在于投入少、见效快、成功率高。渗透性创新集群主要是指基于对某种技术突破所带来的技术机会的把握，企业以原有技术与这项突破技术的关联性为基础转变而成的创新集群。渗透性创新集群是技术突破推动和创新递减规律推动共同作用的结果，是建立在技术机会基础上的企业多元化发展战略的需要。

创新收益递减规律的作用也是促使渗透性创新集群形成的重要原因。在一个产品领域中，产品的设计和制造技术发展到一定阶段后，可能会出现技术发展的极限。反映在产品创新上，表现为产品创新收益递减规律，即企业的既有产品在主要性能上可以改进的余地越来越小，创新的收益逐步递减。如美国粘胶纤维公司和杜邦公司最初用人造丝技术生产汽车轮胎帘子布时，在帘子布性能改进方面的创新投入取得了很高的收益，6 000 万美元的创新投入获得了 800% 的回报。后来由于技术改进的余地越来越小，创新的收益开始递减，接下来投入的 1 500 万美元获得了 25% 的回报。最后，由于这种技术发展已接近极限，2 500 万美元的创新投入只获得了 5% 的回报。为了避免可能出现的既有产品创新收益递减的局面，企业要么在已有技术中融入新的技术，形成新的产品，要么向其他的技术或产品领域发展，即形成渗透性技术创新集群。

在技术推动作用过程中，技术推动力的强弱与技术的通用性和技术的扩散渠道密切相关。其关键是技术的通用性，机制是模仿创新。创新技术的扩散是使用性创新集群形成的一个重要条件。被扩散技术的通用性越强，围绕此技术形成的创新集群的规模会越大。

市场需求的拉动是创新集群形成的另一重要动力。如在顺轨性创新集群的形成过程中，当作为创新成果和具体表现的新产品被用户使用后，用户会逐渐发现其存在的缺陷或局限性，从而对产品提出更高的要求。而这种用户对产品品质不断升级的要求正是企业进行顺轨性创新的一个重要的外部诱因。如随着计算机应用领域的不断扩大，用户对计算机的运算速度和内存容量提出越来越高的要求，这种要求促使计算机生产企业在提高计算速度和扩大内存容量的技术轨道上不断进行创新。因此，是消费者对垂直性产品差异化的需求拉动顺轨性技术创新集群的出现。技术平台基础上的衍生性创新集群则是消费者的偏好，即横向的产品差异化需求拉动衍生性技术创新集群的产生。渗透性创新集群是新突破技术的巨大市场需求空间或市场机会拉动相关技术领域的企业进入这一领域而导致的技术创新，是企业占领新市场的主动战略行为。

在市场需求拉动的作用强度方面，市场需求的规模、领先顾客的参与和产业的关联性是影响作用强度的重要因素，如在经济周期的复苏阶段基于萧条阶段的基本创新之后的使用性技术创新集群。某一产业的技术创新通过产业的前后关联和旁侧关联诱发了上下游产业以及辅助性产业和互补性产品的技术创新，如市场对高清晰度电视的需求不仅导致电视机技术的创新，还引发了摄像机、录像机、电视发射装置、转播装置、微波中继装置以及卫星地面接收装置等一系列的技术变革。

此外，企业间的竞争以及政府的政策引导，也是创新集群形成的重要影响因素。当一种新技术出现时，所有与此技术有关联的企业都会面临新的技术机会，同时也面临新的挑战。率先创新者的成功，会打破原来的市场竞争格局和企业间的利益分配格局，使率先企业先前的技术创新贬值或完全失去价值，这会使一批相关企业处于不利的竞争地位或面临生存危机。激烈的竞争迫使落后的企业必须追随率先创新者进行技术创新，以求在市场上占据一席之地，新的创新集群就会由此而形成。为了培育、增强产业国际竞争力，在战略性产业、区域支柱产业集群的发展过程中，政府的政策总是力图整合政府支持的基础研究、企业的应用研究和工程化技术开发的能力，以推进技术创新，这一方面最为典型的当属日本电子信息领域的创新集群。

四、技术创新空间集聚的其他机理

除了创新集群形成过程中基于技术轨道的顺轨性创新、基于技术平台的衍生性创新、基于技术关联的渗透性创新的创新活动空间集聚规律以外，导致创新空间集聚的机理还有基于创新资源互补、创新风险分担的合作创新机理，基于隐性知识外溢的创新空间集聚机理，基于产业集群内创新优势的创新集聚机理等。

企业开展技术创新活动需要各种技术创新资源的配合，但任何企业不可能在所有资源类型中都拥有绝对优势，即使是同一类资源在不同的企业也表现出很强的异质性，这构成企业资源互补融合的物质基础。特别是企业的异质性资源已固化在企业组织内部，不可完全流动交易，如独特的生产工艺、研发能力等。为了获取技术创新所需而本企业又不具备的资源，企业之间、企业与公共机构之间就需要开展合作创新，以实现技术创新过程。因此，创新资源的互补导致了创新的空间集聚（见表4－2）。

表4－2　技术过程不同阶段的价值共享形式①

阶段	构思阶段	R & D 阶段	实用化阶段	商品化阶段
共享内容与形式	共享机会信息 共享创新理念	共享基础设施 共享科技资源 共享开发服务网络 共享融资渠道	共享装备设施 共享质量检测设施 共享零部件生产 共享生产服务网络	共享销售渠道 共享采购与运输 共享订单处理 共享售后服务网络

知识，尤其是隐性知识的溢出是空间距离的函数，其溢出与空间距离之间存在着一种距离衰减规律，只有空间上集聚的集群内部的企业才能获得这种知识，也就是说，集群中存在的隐性知识导致了创新的空间集聚。并且这种隐性知识导致的空间集聚与创新的类型之间还存在着一种相关关系，伦德瓦尔在国家创新系统框架内研

① 刘友金．中小企业集群式创新［M］．北京：中国经济出版社，2004.

究了创新特点与空间相互影响的关系，他将创新分为静态技术、渐进创新和激进创新三种类型。对于静态技术而言，技术机会和使用者的需求是相当固定的，所用的规范、标准和术语可完全描述所涉及的技术，知识是高度通用的，生产者与消费者可远距离沟通，产业可随技术创新自由布局；对于渐进创新来说，为适应技术机会和消费者需求变化，信息必须是柔性的，产品特点、功效和质量的周期性变化限制了知识的标准化，这就意味着信息相当复杂、不易表达，空间距离起着重要作用，这样的企业与产业往往是聚集的，相对优势常建立在空间相邻的基础上；对于激进创新来说，原有的规范使相互间沟通困难，技术不再适用，持有既定技术的生产者将难以评估技术范式的潜在效果，使用者难以领会生产者的信息，由于缺乏最好范式的评价标准，相互信任和私人友谊等生产者与消费者的关系变得十分重要，这种关系不易跨地区得到，因此，空间相邻就变得特别重要。可见，技术创新过程越激进，越没有通用的知识，越需要空间相邻。

产业集群内不同机构在产业链基础上构筑的创新链和在同类企业集群基础上形成的技术平台，为集群内企业参与创新提供了条件，吸引着不同的企业加入创新链开展集群式创新，形成创新的空间集聚。技术创新过程包括创新构思、研究与开发、产品设计和工艺设计、产品化和市场化等多个阶段，集群内企业以各自创新资源的优势为基础开展创新链上具有优势环节的技术创新，形成企业间基于创新链的集体创新行为，共同完成整个技术创新过程。产业集群中同类企业集聚促进了专业化的配套服务（包括专业化技术服务）的形成，促进了专业化基础设施（其中的技术基础设施是产业技术平台的重要组成部分）的形成，还促进了专业化人才的集聚。专业化技术服务、专业化产业技术平台和专业化人才的柔性供给共同营造了一个优越的技术创新环境，促进了集群内的企业开展技术创新活动，吸引了集群外的企业加入到集群中以享受技术创新的优势，从而促进了技术创新在产业集群内的空间集聚（见表4－2）。

第二节 合作创新——企业技术创新组织形式的选择

技术是商品的一种高交易成本，企业技术创新活动的复杂化、网络化，导致合作创新成为企业技术创新的主要组织形式。产业集群地理集中性、网络结构以及集群中企业之间的技术关联，促成了集群中企业的合作创新，合作创新成为集群创新的主要组织形式。

一、企业技术创新组织形式的选择

产业组织理论认为，企业的某种能力和资源缺口是通过三种途径解决的：一是市场购买；二是自主开发；三是合作开发，如建立战略联盟。技术作为企业的重要能力和资源，其缺口同样可以通过这三种方式加以解决。因此，在理论上，可以根据企业技术创新中技术来源的主流，把企业的技术创新分为内源创新、外源创新、内源创新与外源创新相结合的合作创新三种形式。其中，内源创新是指依据企业内部技术力量进行的各种技术创新活动，也可称为企业内化的技术创新（或自主研发/自主创新）。其优势在于实现企业价值链不同部分创新的连接，提高创新的效率；减少技术外溢，获得先发优势。外源创新是指依赖外部力量进行的企业技术创新活动，分为购买（技术具有市场交易）和外托（委托研究、外设研发机构等）两种基本方式。合作创新是指外源与内源相结合的创新活动。①

由于技术作为一种商品的不确定性很高，而可选择的交易对象又较少，加上信息和技术具有外部性，使得技术的市场交易具有高度的不确定性，且技术交易契约常常具有不完全性，技术的交易成本很高。因此，通过市场交易方式获得的技术十分有限，企业所需的技术并不是以市场交易为主渠道的。在这种情况下，企业内在化的研发就成为一种合理的选择，即企业进行以自主创新与模仿创新为主要方式的内源式创新。

但与技术迅速发展相对应的技术创新的周期缩短所导致的高风险，以及技术创新对企业技术能力的高要求，使得企业内在化的研发活动面临知识资源的约束，承担着高风险和高成本。为此，企业转向寻求与外部组织的合作。②

合作创新与市场交易相比，可以节约交易成本；与企业内在化研发活动相比，可以避免资源的约束并实现资源和能力的共享，有利于企业间的技术学习、技术转移以及技术能力的提升。以这两个优势为基础，合作创新成为当前技术和市场环境下技术创新的合理选择。而产业集群内企业的地理邻近性、网络结构以及根植性，为合作创新提供了良好的环境，合作创新从而成为产业集群内企业技术创新的首选形式。

二、合作创新的内涵

合作创新的起源可追溯到 1917 年始于英国的“研究协会”（Research Association，RA），但国外学者较少采用合作创新这一术语。美国竞争力委员会使用的是研究合伙（research partnership），指的是

① 许继琴．企业技术创新途径选择［J］．中国科技论坛，2002（5）．
② 罗炜．企业合作创新理论研究［M］．上海：复旦大学出版社，2002.

一种使得企业、大学、政府机构和实验室为了一个共同的研发目标而共享资源的合作安排。海治岛（Hagedoorn）将研究合伙定义为一种基于创新的合作研发关系。蒂斯（Teece）采用的是技术联盟（technical alliance）的提法，技术联盟是两个或多个合作伙伴为了一个共同的技术创新目标而共享资源、协调行动的协议。此外，许多学者还使用了研发合作（R & D cooperation）、合作研发（cooperative R & D）、研发联合体（R & D consortia）等概念。

最早提出合作创新这一概念的是清华大学的傅家骥教授，在《技术创新学》一书中他明确提出：合作创新是指企业间或企业、科研机构、高等院校之间的联合创新行为。合作创新通常以合作伙伴的共同利益为基础，以资源共享或优势互补为前提，有明确的合作目标、合作期限和合作规则，合作各方在技术创新的全过程或某些环节共同投入、共同参与、共享成果、共担风险。①

郭晓川指出，合作创新是指由多个企业（在很多情况下也吸收部分研究机构和大学加入）形成的技术合作契约关系，由多个企业共同投入资源，参与到一个创新过程中，然后基于共同的创新成果再进行后续的差异化创新，是一种反复交易行为。②

罗炜在比较国内外关于合作创新不同提法的基础上，进一步提出合作创新概念有广义与狭义之分。广义的合作创新是指企业间或企业、大学、研究机构为了一个共同的创新目标，投入各自的优势资源和能力，分工协作，共同完成技术创新的行为。合作可以发生在技术创新的全过程，也可以发生在创新链的某个阶段。合作有多个切入点和多个退出点。狭义的合作创新是指以合作研发为主的一种基于创新的技术合作契约关系，是企业间或企业、大学、研究机构为了共同的研发目标投入各自的优势资源而形成的合作契约安排，

① 傅家骥．技术创新学［M］．北京：清华大学出版社，1998．

② 郭晓川．企业网络合作化技术创新及其模式比较［J］．科学管理研究，1998（5）．

即合作集中在技术创新过程的研究开发阶段（见图4－1）。

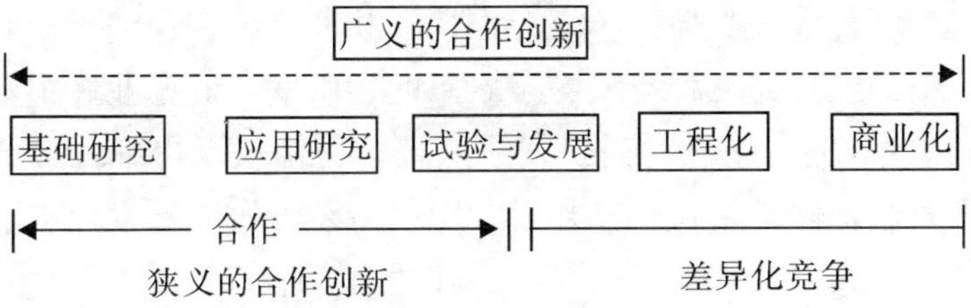

图4－1　合作创新的内涵

西方发达国家企业的技术创新合作倾向于创新前期阶段，即研发阶段，而在创新后期即工程化、商业化阶段则进行竞争，以实现产品的差异化。因此，西方学术界的研究主要集中在合作研发方面。国内的合作创新虽有时采用广义的定义，如傅家骥教授的定义就是广义的合作创新，但多数的研究也是针对研发阶段的合作创新，如郭晓川定义的合作创新其实是指狭义的合作创新。

三、合作创新的组织模式

由于合作创新的动机不同，合作创新的组织模式也多种多样。20世纪90年代以来，国内外许多学者从不同的角度对合作创新的组织模式进行了研究。

禅（Chan）和瑞德（Hride）根据企业在研发阶段不同性质的联盟伙伴，将合作创新分为五种类型：用户联盟（customer alliance）、供应商联盟（supplier alliance）、竞争者联盟（competitor alliance）、互补性联盟（complementary alliance）、促进性联盟（facilitating alliance），即与政府有关部门、大学、研究机构等非企业组织组成的共同研发联盟)。[①]

罗炜根据组织的集成度及组织间的相互依赖性将合作创新组织方式分为两种基本类型：产权合作协议和非产权合作协议。产权合作协议下再细分为三种类型：技术并购、研发合资企业、少数股权投资（交叉持股、少数持股)；非产权合作协议下再细分为六种类型：研发联合体、共同研究开发、网络组织、研究开发合约、技术交换协议（技术共享、交叉许可)、许可证协议。产权合作协议是企业间建立起一种资产纽带的紧密型合作创新方式，组织间相互依赖性强、组织稳定，但管理、协调成本高，灵活性和环境适应能力弱，适合于技术能力不足的企业之间对核心技术的研发。非产权合作协议下的组织之间的关系建立在合约的基础上，是一种相对松散的合作创新组织方式，其灵活性和环境适应能力强，管理、协调成本低，但对成员的约束力不足，稳定性较差。随着技术生命周期的缩短，非产权合作协议具有的灵活性和对环境的适用性正使之成为合作创新的主导模式。

对于产业集群中的企业来说，企业之间基于社会网络形成的社会资本可以有效地防止非产权合作协议的成员之间的逆向选择和机会主义，这使得非产权合作协议的合作创新方式相比非集群企业来说更有优势。

同时，对于产业集群中的企业来说，产业集群本身形成的同类企业之间的竞争合作关系，以及核心企业与产业链上下游企业之间、与辅助产业企业之间的良好合作关系，企业与公共机构之间的紧密联系，为这些组织之间结成技术联盟开展合作创新活动提供了组织基础，使之成为用户联盟、供应商联盟、竞争者联盟、互补性联盟、促进性联盟等合作创新组织的栖息之地。

① Chan P. S., Hride D. Strategic Alliances in Technology: Key Competitive Weapon [J]. *Sam Advanced Management*, 1993 (9).

第三节　集群式创新——产业集群内企业的技术创新模式

在产业集群提供的优越的创新环境中，在技术关联基础上的合作创新呈现出一种新的组织形式——集群式创新。

一、集群式创新的含义

集群式创新的提法在创新集群理论中就已经出现，但并没有给出集群式创新的明确概念。[①] 这里所指的集群式创新是指企业按照创新集群模式进行的基于技术关联的技术创新活动集合。

刘友金在其博士论文中首次明确提出集群式创新（clustering innovation）概念，并对其进行了系统的理论探讨。他认为，所谓集群式创新，通俗地可以理解为运用集群优势进行技术创新。因此，中小企业集群式创新定义为：以专业化分工和协作为基础的同一产业或相关产业的中小企业，通过地理位置上的集中或靠近，产生创新聚集效应，从而获得创新优势的一种创新组织形式。借助这种特殊的组织结构，企业之间可以建立长期、稳定的创新协作关系。这个定义包含以下内容：①专业化分工和协作是前提，强调集群中企业间的互动行为；②创新主体是指同一产业或相关产业的中小企业，注重产业联系；③方式是企业通过自组织或有组织的地理位置上的

① 傅家骥．技术创新学［M］．北京：清华大学出版社，1998.

集中，即地理位置的靠近；④功能目标是为了获得创新优势。值得强调的是，仅仅是中小企业在地理位置上的集中或靠近所形成的无组织混合体不能称为中小企业集群式创新，而只能算是中小企业“扎堆”现象。只有上述四个方面同时满足，才是我们研究意义上的中小企业集群式创新。[①]

在给出集群式创新概念以后，刘友金进而提出：“显然，集群式创新与创新集群是两个完全不同的概念，前者指的是一种创新组织形式，后者是指创新（成果）的一种在时间和空间中成群出现的现象。”

我们认为，集群式创新可以有两种理解：一种是与创新集群相对应的理解，即集群式创新是指创新集群内基于技术关联进行的技术创新活动的集合，如顺轨性创新集群中基于技术轨道的系列持续创新，衍生性创新集群中在技术平台基础上的各种辅助技术创新活动，渗透性创新集群中在技术关联和产品关联基础上拓展的系列技术创新活动。另一种是与产业集群相对应的理解，即集群式创新是指产业集群内企业之间的合作创新行为。其创新主体是产业集群内的各组成机构，其主要方式是合作创新，包括企业与企业之间的合作创新，如用户联盟、供应商联盟、竞争者联盟、互补性联盟；以及企业与研究机构之间的合作创新，如促进性联盟。由于产业集群是同类企业及其相关企业、辅助企业的空间聚集，因此，产业集群中这种合作创新往往是基于同一技术轨道或技术平台，且多沿着技术关联域或产业链拓展渗透，形成创新集群。后一种理解与刘友金提出的概念基本接近，也更宽泛一些。由于创新集群是产业集群形成的重要机制之一，因此，第一种理解的集群式创新可以包含在第二种理解的集群式创新概念之中。

---

① 刘友金. 中小企业集群式创新［M］. 北京：中国经济出版社，2004.

二、集群式创新的一般特性

集群式创新有其自身的特征，主要表现在以下几个方面：[①]

一是互惠共生性。互惠共生的双方尽管分离后两方或者一方能够独立生存，但双方在某种方式下紧密结合，通过功能互补，可以使得两者都有更广阔的生存发展空间。例如，以高校、科研院所孵化或者衍生出来的企业为主体形成的企业群与它们的母体（依托单位）——高校或科研院所就是典型的互惠共生体，高校或科研院所为企业提供科研成果、创新信息、中试设备以及人才培养，企业则主要进行产品开发、工艺开发和市场开发，这样集群中的企业与高校互惠互利、优势互补、互相促进。

二是协同竞争性。集群中的企业是以专业化分工与协作为基础的，类似于一个生物生态系统，集群是一个有机的、相互作用、相互依存的社会。正如生物种群一样，竞争在企业群落中普遍存在，竞争使得企业个体始终保持足够的动力以及高度的警觉和灵敏性，并使他们在竞争中发展壮大。然而在群落中的竞争，不是通常的你死我活的关系，更多的是协作关系，竞争对手不是敌人，而是伙伴。因此，协同竞争是集群式创新的一个显著特点，最终目的是达到共同发展。

三是资源共享性。创新资源不足是制约企业技术创新特别是中小企业技术创新的一个关键因素。众多的相互关联的企业聚集在一起，可以实现资源共享、优势互补，克服单个企业创新资源不足的缺陷。它们可以利用共同的交通、实验基地等基础设施，可以分享共同的信息资源，可以拥有共同的专业人才市场，可以共同吸引风

① 刘友金．中小企业集群式创新［M］．北京：中国经济出版社，2004.

险基金，可以相互利用对方的创新特长，可以互为创新成果的传播者和使用者。

四是地方结网性。集群式创新实际上是以产业关联为基础，以地理邻近为特征，以设施配套、机构完善为支撑条件，以文化融合为联结纽带的本地化的区域创新网络，地方结网性是其最重要的一个特征。主要表现在：企业、创业中心、科研机构、金融机构、服务咨询机构、负责基础设施建设的政府机构、培训机构等的健全与配套；各机构存在着密切的互动和依存关系；各机构有着强烈的社区意识。

三、集群式创新的一般过程模式

集群式创新是一个由活性决策结点构成的具有非线性联结机制、动态演化的复杂系统，具有群体自学习性、自组织性、自匹配性和行为自协调性，它由群体目标导引，由信息流驱动，由组织文化维护，依次经过交流、竞争、合作、分享、评价五个基本阶段的动态循环累进过程（见图4－2）。[①]

① 刘友金．中小企业集群式创新［M］．北京：中国经济出版社，2004.

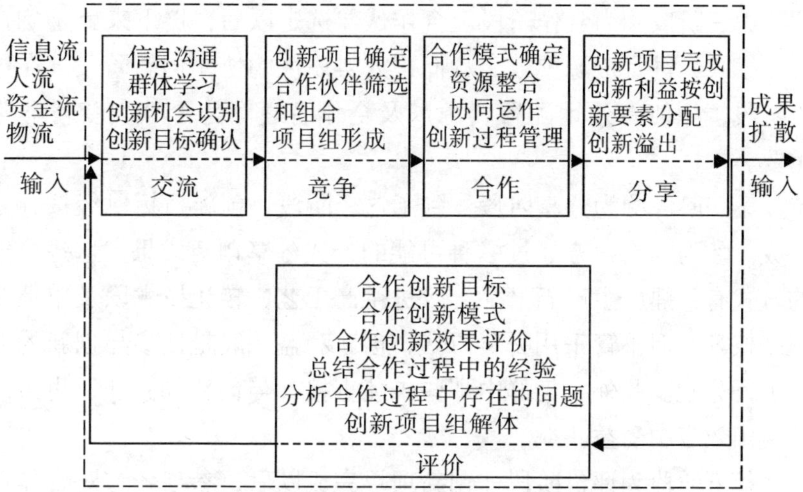

图4-2　集群式创新一般过程和“动态循环累进”模型

第一阶段称为交流阶段。在这一阶段，群体内企业通过正式渠道和非正式渠道的信息沟通及人员接触，进行群体学习，这种学习包括精英成员之间的学习、普通员工之间的学习以及正式组织之间的学习，在这种信息交流和学习过程中碰撞出创新的思想火花，发现创新机会，确认创新目标。

第二阶段称为竞争阶段。最先洞察到创新机会并确认了创新目标的企业组织，通过进一步的分析和论证进行创新决策，并将其具体化为创新项目，然后寻找和筛选合作伙伴，在此基础上建立与能力要求匹配的网络型创新组织或虚拟创新组织，做好创新工作的前期准备。企业间的竞争性在这一阶段的集群中最强，主要体现在：一是对创新机遇的敏感和把握，谁能最早敏锐地捕捉到创新机遇，并准确地理解和及时地把握它，就是最可能的成功者；二是在寻找和筛选合作伙伴过程中的竞争，合作者的创新能力、拥有的资源、合作经验、合作精神、信誉都是至关重要的因素。

第三阶段称为合作阶段。合作伙伴选定以后，接下来就是确定合作模式，进行资源整合，从而进入实质性的协作创新阶段。在这一阶段，如何有效地配置资源以及合作者之间是否默契变得非常重要。

第四阶段称为分享阶段。到了这个阶段，创新目标已经按计划完成。参与创新各方通过多种可能的方式分享创新成果。这些可能的方式有：建厂生产新产品，改进生产工艺，转让技术以及申请知识产权等。但不管采用哪种方式，创新利益一般是按参与创新的要素进行分配。此外，集群中那些未能直接参与创新的企业，也可以从溢出效应中受益。

第五阶段为评价阶段。创新项目完成以后，参与各方对合作创新目标、合作创新模式、合作创新效果进行正式或非正式的评价，总结合作过程中的经验，分析合作过程中存在的问题，指出合作过程中应改进的地方，最后创新项目组解体，集群式创新进入下一轮新的循环。

值得指出的是，“动态循环累进”模型只是对集群式创新一般过程的抽象和概括。应当注意到：①它考虑的是大多数的情形，没有照顾到个别情况和特殊情况，如有的创新项目可能就是由集群中的某个企业、大学研究机构或科研院所单独完成的，没有合作伙伴问题。②五个阶段的划分只是为了方便说明问题而作的一种逻辑分段。事实上，它们之间并没有严格的界限和边界，它们之间的先后关系不完全是直线的。③之所以强调“动态”、“循环”、“累进”，是因为其过程“动态”，方式“循环”，效果“累进”，这种自组织的结果最后使得集群不断优化，创新能力和水平不断提高。④这个“动态循环累进”模型是一个开放的系统，它不仅有信息流、人流、物流、资金流的不断输入，而且有创新成果扩散等外部输出过程。

第五章 产业集群创新系统

产业集群创新系统是产业集群创新网络与产业集群创新环境的叠加，产业集群内各种机构联结而成的产业集群创新网络是产业集群内知识流动的重要渠道，产业集群的创新平台和创新规制则是产业集群创新的重要环境，产业集群创新系统为集群学习提供了空间。

第一节 产业集群创新系统的内涵

产业集群创新系统是企业技术创新过程模型发展到集成网络模型后出现的创新组织形式。产业集群创新系统是产业集群创新网络与产业集群创新环境的叠加，是以产业集群为载体的创新系统。

一、产业集群创新系统的提出

产业集群创新系统是技术创新组织演变的产物。从熊彼特提出创新理论到20世纪70年代，技术创新研究基本停留在单个企业技术创新过程研究阶段。当企业技术创新过程模型发展到第五代系统集成网络模型时，人们开始认识到企业技术创新成功的原因除了企业内部的因素外，企业与外部的联系，如企业与用户、供应商、专业研发机构等的联系显得十分重要。技术创新呈现出系统集成网络的组织形式。在创新网络的基础上，合作创新成为重要的创新活动方式。正是因为创新过程中网络与合作的出现，人们对创新组织的认识从企业扩展到各类网络组织。随着人们对创新网络组织研究的深入，出现了对创新网络空间形态的研究。

根据创新网络内部参与企业数量的多少和网络空间跨度的大小，创新网络组织可分为四类：单企业单点分布网络、单企业多点分布网络、多企业单点分布网络、多企业多点分布网络（见图5－1）。①

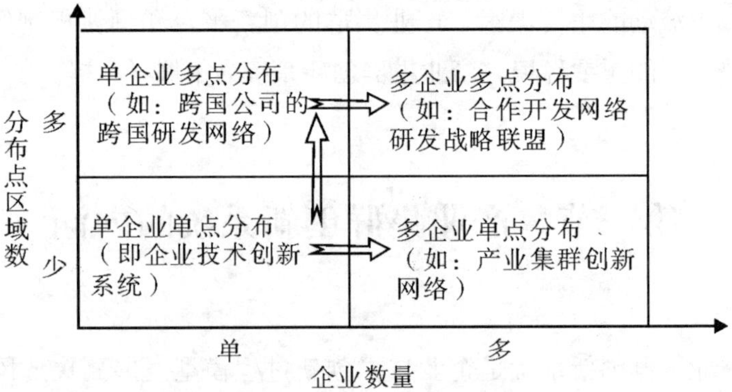

图5－1　创新组织形式分类及演变

单企业单点分布网络实际上就是企业技术创新系统（简称为企业创新系统，EIS)。信息技术的快速发展引致单一企业内部的网络化趋势，导致技术创新的转变和企业创新系统的改变。因为信息技术的发展，企业内部不同功能组织之间的联系更加紧密、协调更加

① 魏江．产业集群——创新系统与技术学习［M］．北京：科学出版社，2003.

容易，企业内部不同功能相互整合，构成了越来越完善的内部创新网络，深刻影响着企业的创新行为。

企业内部不同功能之间的关系向外部延伸，导致创新组织的变革。当企业内部创新组织向不同区域或国家分散时，形成的是单一企业内部创新组织的多区域分布，最为典型的便是跨国公司的跨国研发网络。当企业内部分工深化衍生出许多的专业化企业时，这些企业之间在专业化分工基础上就形成了多个企业之间的协作网络；当企业与外部供应商、用户、技术支撑机构之间为了减少技术、市场的不确定性或为了资源的互补结成网络时，创新组织就从单一企业的内部网络发展到了多个企业组成的创新网络。这种多个企业之间组成的创新网络有两种空间形态：一种是分散的空间形态——多企业、多区域分布形态，另一种是集中的空间形态——多企业、单区域分布形态。在经济全球化日益深入的今天，前者呈现出全球网络形态，而后者具有空间集聚性，尤其是当这种创新组织根植于产业集群之中时，创新网络组织与产业集群的经济网络、社会网络相互融合，表现为一种本地化网络，比全球网络更持久，并且对产业集群的发展具有重大的推动作用。正是基于此，人们开始了创新组织、创新网络研究与产业集群研究的融合，进而提出了产业集群创新系统理论。

二、产业集群创新系统内涵的界定

国外对产业集群创新系统的研究多是与区域创新系统的研究联系在一起的，比较典型的有阿歇姆（Asheim，2002）、托林和考夫曼（Todtling & Kaufman，1999）等。阿歇姆等认为区域创新系统是由支撑机构环绕的区域集群。一般地，区域创新系统主要由两种类型的主体以及它们之间的互动构成。第一类主体就是区域产业集群中的企业，同时包括其支撑产业；第二类主体就是制度基础结构，如研究机构和高等教育机构、技术扩散代理机构、职业培训机构、行业协会、金融机构等，这些机构对区域创新起着重要的支撑作用。

国内最早提出产业集群创新系统并进行系统研究的是浙江大学的魏江教授。他对产业集群创新系统的定义是：集群创新系统是在狭窄的地理区域内，以产业集群为基础并结合规制安排而组成的创新网络与机构，通过正式和非正式的方式，促进知识在集群内部创造、储存、转移和应用的各种活动和相互关系。其中：狭窄的地理区域是与产业集群定义相呼应的产业集群所在的区域范围；规制安排包括由政府及其政策法规、区域文化共同组成的支持和规范集群行为的全部要素，如技术交易、法律、社会、文化和金融等系列政策；创新网络和机构指以产业集群代理机构、公共服务机构共同组织的网络体系和相关关系；集群创新系统的核心功能是促进知识在集群内部创造、储存、转移和应用，以不断提高产业集群内部的创新产出。①

在学习国内外学者关于产业集群创新系统理论的基础上，我们认为：产业集群创新系统是创新系统的一种，与国家创新系统和区域创新系统具有共性特征。借鉴国家创新系统和区域创新系统的概念，产业集群创新系统是产业集群创新网络与产业集群创新环境的叠加，其目的在于促进产业集群内知识的积累、溢出和共享，为企业技术创新活动提供创新平台，进而促进产业集群的创新活动及知识的积累，以提高产业集群的竞争力。

需要强调的是：①产业集群创新系统是产业集群的创新系统，它以产业集群为载体。产业集群创新网络是产业集群网络的重要组成部分，它嵌入到产业集群的经济网络与社会网络之中，受经济网

① 魏江．产业集群——创新系统与技术学习［M］．北京：科学出版社，2003.

络与社会网络的影响。②产业集群创新系统是一种创新系统，具有创新系统的共性特征：以创新行为主体为结点，以创新活动为内容，以提高创新绩效为目的，内部呈现网络结构。同时，产业集群创新系统以合作创新为主要形式，以创新网络为载体，以资源、信息、技术共享为目的，通过建立创新集群，提高创新效率。③产业集群创新网络由产业集群内的创新行为主体为结点，以结点之间的创新联结为纽带，具有层次性和开放性特征。④产业集群创新环境包括产业集群内部的创新平台与规制、区域经济环境和社会文化环境，以及产业集群外部的产业发展技术和市场环境。

另外，产业集群创新系统在创新内容上具有很强的针对性和集成性，以集群主导产业的共性技术或集群发展中的关键技术为主，围绕集群发展集成相关技术完成技术创新。产业集群创新系统建设的关键，一是围绕共性、关键技术的研发建立技术平台，并实现技术平台的不断升级。因为这类技术对集群内的企业来说是十分重要的，是基础性的技术。同时，由于这类技术的公共物品性质，即具有很强的技术外部性，需要相关创新主体共同推进，其目的在于推进基于技术平台的衍生性技术创新。二是建设技术创新与扩散的机构与机制。通过支持研发机构和技术服务与中介机构的建设，建立支持性的技术创新网络，并推进顺轨性技术创新。同时，促进技术在创新集群内企业之间的扩散。三是建立和完善知识产权保护制度，强化创新激励机制。

第二节　产业集群创新网络

产业集群创新网络是产业集群不同创新结点之间的创新联结，

包括企业之间、企业与集群技术支撑机构之间的创新联结等。产业集群创新网络是产业集群网络的重要组成部分。

一、产业集群创新网络中的结点

在对产业集群创新系统的概念进行界定的同时，魏江教授进一步指出了产业集群创新系统的构成要素。他认为，在集群创新系统的构成要素中，首先最关键的是产业集群中相关企业的集合以及由它们所组成的网络。相关企业以网络内部企业为主体，也包括集群外部的相关企业，主要通过相关的信息流和内部联结模式进行互动。其次是集群技术基础设施，包括硬件基础设施和软件基础设施。其中，软件基础设施包括作为知识生产和提供者的研究开发机构、实验室和大学，作为人力资源开发的培训机构和提供相关服务的金融机构、产业协会、技术服务机构等。最后是集群环境因素，包括社会、文化、政府、外部资源和制度规制等，这些因素往往是集群自身不可控的，属于集群的外围层次因素。

根据这些要素在产业集群中的定位和作用方式的不同，我们可以把集群创新系统的构成分为核心层次要素、辅助层次要素和外围层次要素三大类。①核心层次要素包括供应商、竞争企业、用户和相关企业四个因素，这四个因素构成了集群及其创新网络的核心主体，它们之间通过产业价值链、竞争合作或其他内部联结模式实现互动。②辅助层次要素，即基础设施要素，包括三个因素：硬件技术基础设施、集群代理机构和公共服务机构。辅助层次要素服务于集群创新系统的持续创新产出，离开核心层要素，辅助要素就会失去存在意义。辅助层次要素为集群自身可控要素。③外围层次要素包括政府、正式和非正式制度规制及外部市场关系三个因素。

集群创新系统要素模型分析

<table>
<tr><th></th><th colspan="2">构成因素</th><th>因素变量</th></tr>
<tr><td rowspan="4">核心层次要素</td><td colspan="2">供应商企业</td><td>生产要素的内部提供者</td></tr>
<tr><td colspan="2">竞争企业</td><td>产品竞争或互补企业</td></tr>
<tr><td colspan="2">用户企业</td><td>产品（中间产品）需求者</td></tr>
<tr><td colspan="2">相关企业</td><td>资源、生产要素、基础设施等关联企业</td></tr>
<tr><td rowspan="3">辅助层次要素</td><td colspan="2">硬件技术基础设施</td><td>道路、港口、管道、通信、水电等</td></tr>
<tr><td colspan="2">集群代理机构</td><td>行业协会、企业家协会等</td></tr>
<tr><td colspan="2">公共服务机构</td><td>研发和服务机构、实验室和大学、人力资源与培训机构、金融机构等</td></tr>
<tr><td rowspan="4">外围层次要素</td><td colspan="2">政府</td><td>政府有关机构，如地方科委、经委等</td></tr>
<tr><td>制度</td><td>正式制度规制</td><td>税收制度、国家财政政策、金融政策、技术交易和其他法律等</td></tr>
<tr><td>规制</td><td>非正式制度规制</td><td>社会（如经营和就业环境、生活质量）和文化（伦理道德、社会规范、价值观、人际关系）</td></tr>
<tr><td colspan="2">外部市场关系</td><td>外部资源供应者、外部产品需求者</td></tr>
</table>

这些因素构成了集群所处的外部环境，它们同样作用于集群创新活动。假如没有集群，这些要素同样存在。因此，这些要素为集群不可控要素。其中“政府”在其他研究中作为因素下面的一个变量考虑，而这里作为一个单独因素，是因为政府在我国产业集群发展过程中起着特别重要的作用。上述三大要素及其因素可以总结为上表。①

① 魏江．产业集群——创新系统与技术学习［M］．北京：科学出版社，2003．

我们同意魏江教授将产业集群要素分为核心层次要素、辅助层次要素和外围层次要素，以及核心层次要素由供应商企业、竞争企业、用户企业及其相关企业构成等观点。严格地讲，硬件技术基础设施中的因素变量是产业集群发展的基础设施条件，但并不是产业集群创新系统的技术基础设施，制度规制是产业集群以及产业集群创新系统的内容，但不是构成因素。因此，我们认为，产业集群创新系统的构成要素主要包括企业、集群代理机构、公共服务机构（包括研发机构、科技中介机构、教育与培训机构）、地方政府和地方金融机构等。

二、产业集群创新网络的结构

关于集群创新系统的结构，魏江教授认为它所揭示的是构成集群创新系统各个要素之间正式和非正式的联结方式。在产业集群内部核心层次要素的联结中，较为常见的联结模式可以是垂直的价值链方式，如从供应商到代理机构；也可以是横向的相似企业之间的联结模式（Hanson，1997）。除了核心层次要素的联结模式外，核心层次要素和辅助层次要素之间、核心层次要素和外围层次要素之间，以及辅助层次要素和外围层次要素之间，都存在相互的联结。为了清晰解剖三层次要素内部以及各层次要素之间的联结，他们构筑了图 5 - 2 所示的集群创新系统总体结构模型。①

该模型包括三个层次的网络：核心网络、辅助网络和外围网络。其中，核心网络反映的是核心层次的要素联结，辅助网络反映的是辅助层次要素的联结，外围网络反映的是外围层次要素的联结。这三个层次网络之间的关系可以概括为：①辅助网络主要为核心网络

① 魏江．产业集群——创新系统与技术学习［M］．北京：科学出版社，2003．

提供资源和基础设施，如知识流、技术流、人力资源流、信息流等生产要素的支持，其中的集群代理机构还作为政府和集群的代理人，承担集群内部的制度设计和行为规范。②外围网络通过不断完善辅助网络，或直接通过有关规制的建设，或通过其他间接的作用方式（如文化和人际关系），影响着核心网络的行为和相互联结方式。

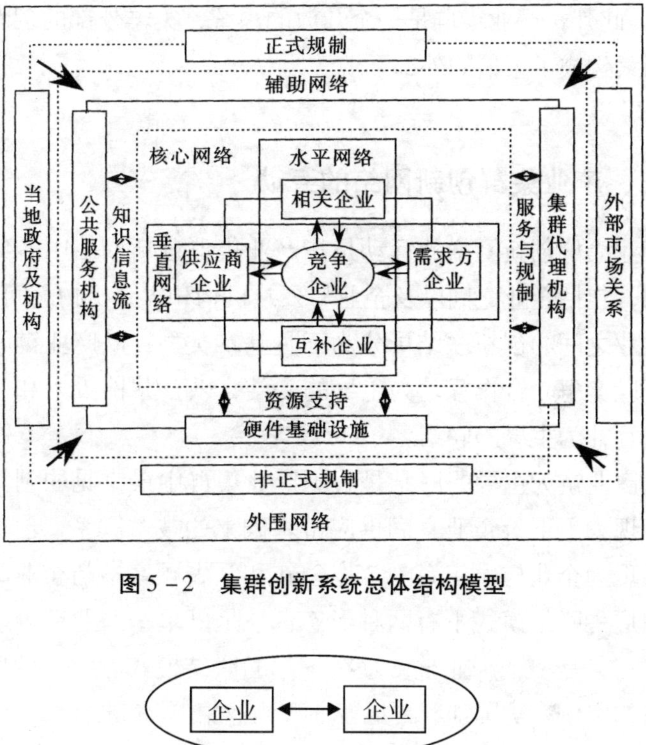

图5-2 集群创新系统总体结构模型

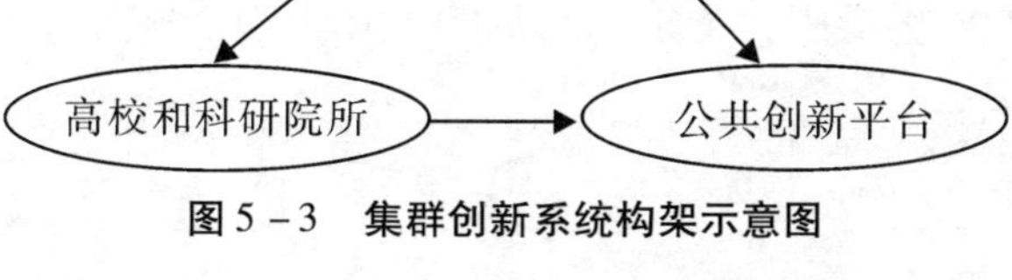

图5-3 集群创新系统构架示意图

我们认为，产业集群创新网络是产业集群不同创新结点之间的创新联结，包括企业与企业之间的创新联结、企业与研究机构之间的创新联结等。其中，企业之间的创新联结所形成的创新网络是产业集群创新网络的核心层，企业与研究机构之间的创新联结形成的产学研合作网络，以及以科技中介服务机构和高校、科研院所为主体构建的公共创新平台是产业集群创新网络核心层的支撑层（见图5－3）。此外，产业集群是一个开放的系统，集群外部的创新主体和环境因素构成了集群的外部环境。

三、产业集群创新网络的互动

产业集群创新网络的互动是指产业集群创新网络中各结点之间的互动，包括企业之间以及企业与公共机构和中介机构之间的互动。

企业之间的创新联结可分为三种基本类型：以产业链为主导的联结，以竞争—合作互动为主导的联结，以公共性投入和生产要素共享或互补为主导的联结。

以产业链为主导的联结是我国产业集群中最常见的创新联结模式，表现为上下游企业之间供应链基础上的技术联系，创新互动则主要表现为企业与供应商的合作创新和领先顾客参与企业的创新过程。在这种联结模式下有两种形态：一是以单一产业链为主导的关联模式；二是多个产业链交互在一起的联结模式。第一种形态中比较经典的案例有美国加利福尼亚葡萄酒业集群[①]和浙江绍兴纺织产业集群[②]。第二种形态比较典型的有意大利皮革鞋业集群。在这类联结模式下的产业集群中，基于产业链的垂直创新网络在产业集群创新

① ［美］迈克尔·波特．国家竞争优势［M］．李明轩，邱如美译．北京：华夏出版社，2002.

② 魏江．产业集群——创新系统与技术学习［M］．北京：科学出版社，2003.

网络中居主导地位。

以竞争合作互动为主导联结模式的企业之间的关系主要表现为以横向竞争关系为主的竞争—合作关系。企业之间的竞争关系来源于它们产品的相似性，如果这些企业之间形成了产品的歧异性，那么这些企业之间的竞争就表现为产品的竞争。而企业之间的合作则源于相似产品投入的相似，投入的相似为这些企业之间的资源共享提供了可能。这种资源的共享包括有形资源（如原材料）的共享、无形资源（如信息、市场、人力资源）的共享，以及共性技术的共享。在广州，存在大量这种类型的产业集群，包括服装、文具、塑机、新材料产业集群。在这类联结的产业集群中，同类企业在共性技术基础上的合作创新在产业集群创新网络中居主导地位。

以公共性投入、生产要素共享或互补为主导的联结是最为松散的，这类联结的根源在于对公共性投入、生产要素等的依赖。在广州，最为典型的便是临港产业集群。对港口的依赖是产业向临港区域聚集的主导机制。产业集群内企业之间既无纵向的产业关联，也无横向的竞争关系，但区域的公共性投入、基础设施对产业集群的发展具有至关重要的作用。此外，在现在的大多数高新技术产业园区和工业园区中，也存在大量这类联结的产业集群，导致这类产业集群存在的主导机制是由政策、管理等形成的投资环境优势，区内企业之间也没有纵向或横向的联系。

第三节　产业集群创新平台

产业集群创新系统是一种技术学习的平台或空间，即产业集群创新系统为集群内企业和机构的技术学习提供环境或背景，集群内企业和机构的技术学习是在产业集群创新系统中进行的。构建产业集群创新系统的一个重要目的就是为集群内企业和机构的技术学习创造良好的基础与机制，以降低这些企业和机构的创新成本，提高创新绩效。产业集群创新系统设计应以产业集群内的知识流程或技术学习途径为依据。

一、产业集群技术学习流程

结合产业集群创新系统的基本结构，可以把产业集群的学习流程总结为三个层次：第一层次流程是指集群核心要素成员之间（企业之间）的互动学习流程，主要是技术知识在集群内部成员之间尤其是企业之间的流动；第二层次流程是指辅助要素成员之间以及辅助要素与核心要素成员之间（产学研之间）的互动学习流程，主要的知识流动表现为辅助要素成员向核心要素成员提供技术知识和信息支持；第三层次流程是指产业集群外部的支持要素与产业集群核心要素成员和辅助要素成员之间的互动学习流程，主要的知识流动表现为外部的知识、技术的创新主体与产业集群创新主体之间的知识交流。产业集群创新系统的构建重点是设计一个创新平台，从而更好地支持这三个层次知识流程的畅通流转，为产业集群技术创新提供良好的平台。

关于产业集群技术学习流程中的机制，国外的研究多从实证角度展开。如：劳森（Lawson，1999）和凯伯（Keeble et al.，1999）等通过对剑桥地区产业集群的实证分析，总结了产业集群技术学习流程的三种机制：显性技术和管理专长以企业家形式在本地的流动和企业衍生；企业网络交互活动；研发人员在当地企业间的流动。洛伦茨（Lorenz，1999）认为产业集群技术学习机制有：该地区员工从大公司或学校获得共同的工作或者培训经历；当地劳动力市场对本地中小企业间劳动力流动的影响；当地学校或大企业对创建知识共享基础的影响；各种技术联盟以及客户/制造商之间的交互关系对产业集群技术学习过程的促进。卡佩罗（Capello，1999）认为知识流动主要包括以下四种：供应商和客户之间以及当地设备制造商和使用者之间所建立的联系；特定生产系统内企业间的正式和非正式协作关系；当地高技术企业间高技能工人的流动；从现有企业、大学以及公共部门的研究实验室中衍生出来的新企业。魏江等人认为，从以往学者的研究中可以归纳出这样三个结论：一是产业集群技术学习机制随着集群产业性质、社会文化环境等的不同而不同；二是建立在不同实证分析基础上的结论，其普适性值得进一步探讨；三是从这些成果看，产业集群技术学习最常见的机制有三种，即人才在区域内部的流动、本地企业网络化联系和企业衍生过程。

二、集群内部企业之间的技术学习

由于产业集群聚集了众多的相关企业，集群中的每一个企业几乎都可以在集群内部接触到以下三类知识源中的一部分甚至全部。这三类知识源是指：①来自从事相似生产经营活动的众多竞争者的知识和来自从事互补或关联产品生产的相关企业的知识；②来自供应商的知识，一般依附在供应商所提供的资本和产品上以及相应的技术服务中；③来自客户的知识，主要是客户的需求信息、质量标准以及相关的技术支持，并且涉及所订购产品的原型实现和制造工艺。在一般情况下，这些对企业知识积累和技术创新至关重要的知识源在空间上是相对分散的，企业往往置身于区际甚至国际的知识共享网络中。但对于产业集群中的企业而言，这些知识在地理上高度集中，围绕在企业的周围构成一个相对密集的知识场。

上述这些存在于产业集群内部企业之间的知识主要通过以下四

种途径进行交流：企业之间人员的流动、企业之间人员的正式或非正式沟通、企业间的合作互动、企业衍生。

企业之间人员的流动一直被认为是产业集群内知识溢出的最重要机制。人员在企业之间的流动促进了知识在企业之间的扩散，而外部人员的流入属于外部知识传入，为其与产业集群创新系统内部原有知识的重新组合提供了可能。企业间一定比例的人员流动有利于知识在产业集群内的扩散与共享，同时可以避免人员在企业内部配置的刚性所导致的对技术扩散和再组合的阻碍。可以说，企业间人员活动的程度越高，技术流动的速率就越大。但人员过度流动或者流失到集群外将不利于集群创新，因为人员流动速率过高会破坏知识的时间持续性积累规律，也会导致学习绩效的下降，进而削弱企业的研发能力。此外，管理和技术人才的流动可能会带来技术领先企业创新效益的外溢。除了人员的流动，人员之间的正式和非正式沟通也是集群内知识流通的重要渠道与途径，尤其是隐性知识的溢出与共享。

企业间合作互动的方式很多，但最重要的是合作创新。正如我们在创新集群与集群式创新中分析的那样，企业之间的合作创新是集群内企业合作互动最重要的方式，也是集群内企业不同于集群外企业的创新之处。依据企业间的合作创新形式及其机制建立创新平台，是产业集群创新系统构建的重点所在。

企业衍生之所以成为企业之间知识流通的重要渠道与途径，是因为企业的本地化衍生行为加速了集群内部的人才和知识流动。衍生出的新企业与母体之间存在着千丝万缕的联系，它们在促进人才、知识流动的同时也促进了当地企业间正式合作关系的建立和非正式沟通，从而推动了创新网络的构建和企业之间的创新协同。企业衍生可以看作是集群地方生产体系的内在扩张，通过从母体企业分蘖出新的企业形式，实现人才和知识的流动。

集群内企业之间的知识流是多方向的，但鉴于产业集群技术能力分布的非均衡性，集群内企业之间存在“技术能力势差”[①]，因此，主流是知识从高位势企业向低位势企业的流动。

三、创新基础设施

在区域内部，集群的公共服务机构成了产业集群中企业的另一个重要知识源，是集群中企业技术创新的重要支撑力量，集群代理机构提供的信息服务则是集群中企业技术创新的重要源头，它们共同构成了集群的创新基础设施。

集群公共服务机构是指处于集群内部，从事集群知识创造、技术服务、信息服务和管理支持的全部独立机构，如研究机构、教育培训机构、中介机构、技术孵化器等。在区域内部来自高校、研究机构等辅助机构的知识流程的学习机制主要包括人员的培训、教育与流动，企业与公共研发机构之间的合作创新以及公共服务机构的创新平台支持等。

从事劳动力培训和教育的机构主要有两类：一是各类高等教育机构；二是各类经营性专门培训机构。这些机构是产业集群创新所需专业人才的提供者，对产业集群的技术创新具有重要作用。除了教育和培训机构为企业提供人员外，公共研发机构人员向企业的流动也是第二层次知识流程的重要渠道。

公共研发机构除了向企业输送人才外，还通过项目合作等方式与企业进行合作创新，担任着集群知识中心的职能。国外产业集群的经验表明，拥有集群知识中心是一个产业集群真正成熟的标志。对于缺乏这种知识中心的集群来说，有两种可实施方案：一种是引

① 魏江．产业集群——创新系统与技术学习［M］．北京：科学出版社，2003.

进研发机构，新建集群知识中心；另一种是建立集群技术服务体系。

在集群中为企业与研发机构的沟通提供渠道与服务的是各类科技中介机构和技术服务机构，其职能是构建集群技术服务体系，并为集群内的企业提供技术支持。集群技术服务中心包括在集群内部建立产业技术开发中心、技术孵化器等。由于这些技术服务中心位于集群内部，其了解集群成员的技术创新需求，并与集群成员组成创新网络，所以对集群技术创新活动有显著的促进作用。在我国产业集群的发展实践中，产生了多种形式的类似集群技术服务中心——政府期望通过扶持重要行业的龙头企业的研发机构来解决行业的共性技术、关键性技术创新；引导行业中的重点企业组建独立的技术服务实体，为行业内的企业提供技术服务；建立技术平台，如服务于横向竞争合作关系的技术服务中心。

集群代理机构是指由当地政府或当地政府和集群成员企业共同发起设立的、代表整个集群利益的专门机构，主要负责集群整体层面上的协调、监督、指导等活动。集群代理机构的具体形式多样，如行业协会、企业家协会、专业技术协会、产业俱乐部等。在集群创新系统建设中，集群代理机构的主要作用是：为集群内外的技术沟通提供渠道机会，集群信息服务中心的建设就是其中的内容之一；制定集群规制，协调、监督集群创新活动。

集群创新活动的开展离不开技术和市场信息的支持，集群信息平台也是集群创新基础设施的重要组成部分。集群信息平台的主要功能是促进技术和市场信息的引入及其在集群成员之间的交流，主要的形式有集群网站、行业会展、产品市场等，它们提供了知识交流的正式沟通机制，成功的案例有广州的服装博览会、绍兴的纺织城、义乌的小商品市场等。

四、本地网络与外地网络的知识联结

产业集群是一个开放的系统，其知识除了来自集群内部的企业和区域内部的公共研发机构以外，还有来自区域以外的区际甚至国际的知识源，它们构成了产业集群的外地网络，包括外部同类企业、外部客户、外部供应商以及外部的公共研发部门或其他一些相关组织，从理论上来说它们也是产业集群的重要知识源。这些外部知识源与集群内部的企业和区域内部的公共研发机构等本地知识源，在知识流程和机制方面是相似的，只是由于空间距离的存在，其表现形式和作用有所不同。往往是区域外的知识创新主体远距离地与集群内的企业及研发机构进行知识交流，表现为本地网络与外地网络的知识联结。

本地网络与外地网络的知识联结对科技基础薄弱区域的产业集群创新意义重大。对科技基础薄弱的区域来说，由于区域内缺乏能有效地为集群内企业提供劳动力培训、技术支撑的教育、研发机构，区域外的高校和研究机构就为集群内企业补充人才和提供技术支持。对于这类区域来说，第三层次的知识流程担负着替代第二层次知识流程的职责。

即使是科技基础较好的区域，在经济全球化和知识经济的背景下，本地网络与全球网络的对接以及本地企业、研发机构与国家创新系统中国家级重点研发机构的对接，仍然具有十分重要的作用。其中非常重要的一点就是，如果集群中企业限于本地网络的技术学习与知识流程，将可能产生途径依赖，并由此导致产业集群技术学习的刚性，最终使得整个集群的技术活动被锁定在一条陈旧的技术轨道上，因丧失适应技术变革的能力而衰落。另一种可能则是由于不了解外界的需求变化，集群未能及时作出创新应变而导致衰落。

只有那些进行广泛外部联系的集群，才能获得最新的知识源，并快速响应外部的技术与市场变化，从而实现发展。

在获取外部的显性知识方面，将集群内的企业纳入“全球价值链”则是获取国外显性知识并提升产业集群竞争力的重要途径。而将产业集群内的组织融入区域创新系统及国家创新系统，是获取国内外知识的重要途径。随着信息技术与网络的进步，本地网络与外部网络的联结途径与机制在不断完善，许多正式和非正式的具体学习机制都从外地获取所需的技术知识。对正式机制来说，集群中的企业可以寻求加入跨国公司的分包网络，可以购买世界范围内产业领先者的技术许可，可以和有竞争力的知识源组建学习联盟或者合资企业，可以和外部的大学或实验室建立产学研联合体等；从非正式机制来看，集群企业可以对行业领先者的产品进行分解研究，可以从外部招募高层次人才以实现隐性知识的转移，可以在知识高地上建立“窗口”式机构，可以定期参加产品展销会和研讨会等。

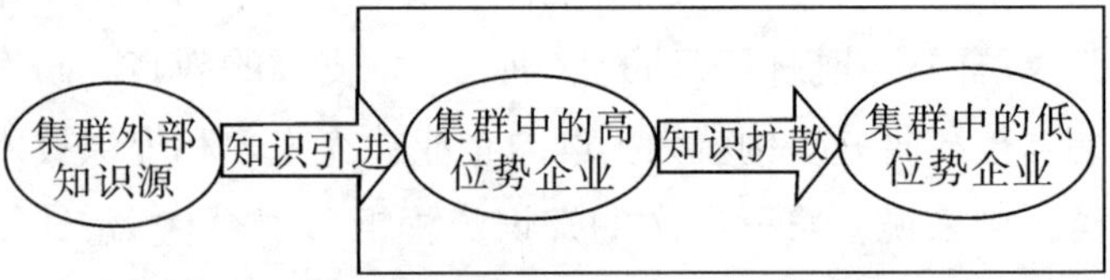

图 5－4　产业集群技术学习分工和知识流动[①]

比获取外部知识更为重要的是获取的外部知识与集群内知识的结合。外部的知识源是否为集群内的企业所利用涉及集群内企业的两种能力：一是监测或搜寻能力，即集群内的企业能否搜寻到所需的知识；二是吸收能力，获取外部的知识要求企业具备与这些外部知识相匹配的知识基础，以便能吸收消化这些外部知识。与外地网

① 魏江．产业集群——创新系统与技术学习［M］．北京：科学出版社，2003.

络联结、从外部知识源中引进知识主要由集群内的高位势的企业承担。如果集群中的高位势企业能源源不断地从外部知识源引进有价值的知识，就意味着集群作为一个整体得到了知识补给。而在产业集群这样一个适宜知识扩散的环境中，在高位势企业引进知识并消化、吸收、创新后，知识将通过低位势企业的模仿与学习这一形式外溢到低位势企业，从而完成整个集群的学习活动，提高集群的整体技术能力（见图5－4）。

第四节　产业集群创新规制

如上所述，产业集群技术能力的增长内在地要求集群中的企业在技术学习方面形成分工，这样就能有效地吸收外部知识并在集群内消化、扩散，最终提高集群的整体技术能力。但这种基于学习分工机制的集群技术学习途径的有效运行需要有效的激励机制来保证，这就需要构建有效的产业集群创新规制。当然，这种规制的构建是建立在产业集群企业技术学习的激励机制基础上的，创新规制还需要创新文化等来自社会网络的社会资本的配合。

一、产业集群创新激励

企业的技术学习是企业在学习成本与学习收益之间权衡的基础上作出的决策。技术学习的收益包括技术层面的能力提升（学习效率）和效益层面的成本降低、产品附加价值的提高（经济效益）。但学习经济效益是要通过市场来实现的，只有当学习收益大于学习成本时，企业才有动力进行技术学习。因此，对技术学习的激励就包括降低学习成本和提高学习收益两个方面。

对于产业集群中企业的技术学习来说，要保证产业集群整体技术能力的提升，需要保证高位势企业和低位势企业都有充分的学习激励，同时保证这两类企业之间知识流通道的畅通。

在产业集群技术学习的分工机制下，高位势企业的创新激励往往不足。在产业集群技术学习的分工机制中，需要高位势企业吸收外地知识并在消化吸收后实现创新，再作为集群内部的知识源为集群内的企业尤其是低位势企业所共享。在这种情况下，高位势企业就承担了较高的学习成本和风险，同时学习收益的实现也会面临许多变数，且在集群内部受低位势企业行为的影响。一种可能是高位势企业通过技术学习获得的技术外溢被低位势企业所获取，低位势企业获得并掌握了高位势企业的技术，这样高位势企业的技术学习收益就与低位势企业分享，但这种学习的成本却由高位势企业承担，高位势企业的技术学习激励不足。因此，要保证集群整体技术能力的提升，高位势企业需要额外的创新激励。

为了产业集群的整体发展而赋予高位势企业额外的创新激励，要以提高高位势企业的学习效率来强化激励，包括降低其自身的学习成本和支持其学习过程，以提高学习收益。降低高位势企业学习成本的有效措施是区域政府的补贴、奖励，或优惠的融资政策，即由政府分担一部分的学习成本。在其他情况不变的条件下，政府分担的学习成本比例越高，高位势企业的学习动力就越强。支持高位势企业学习过程的主要措施是强化集群的公共服务机构，尤其是科技中介机构、高校和科研机构对高位势企业技术学习的支持，包括降低高位势企业的技术搜寻成本，强化高位势企业的知识基础等。在这方面，一个重要的政府措施就是政府引导、支持高位势企业的产学研合作项目，包括区域内的产学研合作和区域外的产学研合作。

在产业集群中，低位势企业技术学习面临的主要问题是技术能力不足。如果低位势企业与高位势企业之间的技术能力差距太大，那么即使集群内由高位势企业的技术外溢等途径产生的知识源十分丰富，低位势企业也没有能力通过吸收集群内“弥漫着的知识”来完成整个集群的技术学习过程。低位势企业技术能力的不足以及在此基础上的创新不足，将影响到整个集群的技术能力与形象，进而影响整个集群的发展。因此，如何为技术能力不足的低位势企业提供技术支持，就成为集群创新激励的重要课题。

二、产业集群创新规制

上述的产业集群创新激励需要制度层面的创新规制的保障，产业集群创新规制的难点在于如何在集群整体利益与集群内企业的个体利益之间实现双赢。因此，集群创新规制设计的第一目标是规范集群内的学习行为，以降低学习成本，保护创新动力，提高创新效率，从而保障集群整体技术学习活动；第二目标是保障高位势企业构筑起具有自身特性的知识保护体系，从而保障自身的学习收益。产业集群创新规制设计的目的是寻求有效规制，以实现企业知识溢出控制和有效集群技术学习之间的动态平衡。其难点在于：为了保障以高位势企业为主体的创新主体的学习收益，需要强化包括专利法、知识产权法等法律、条例的正式规制，以保护创新主体的积极性，否则专利技术和核心技术外泄会导致恶性模仿，从而严重损害创新主体的创新积极性，即对于集群的成员来说，其偏好于自身知识的最少溢出以及外部知识的最大化学习。但严格的正式规制可能会减弱集群内知识的外溢与扩散，不利于集群整体的技术学习，因此对于集群整体而言，在制度设计上偏好于每个成员知识的最大化溢出。如何在这两者之间建立平衡，是产业集群创新规制设计的难点所在。①

产业集群创新规制在形式上可分为正式规制和非正式规制两种类型。正式规制以正式的法律、条例、制度、行为规范等形式出现；非正式规制主要是指当地社会环境中经历史沉积而形成的社会文化等无形因素，也可以称之为集群的创新文化。由于社会文化因素是通过潜移默化的方式作用于集群技术学习行为的，因此将之称为非正式规制或无形规制。

产业集群的正式创新规制有三种形式：一是集群创新系统的核心层成员——在企业自组织过程中形成的正式规制，简称为自我行为规制；二是通过政府及其机构设计而成，或是在与外部市场发生关系的过程中形成的规制，简称为外部制度规制；三是由集群代理机构在协调企业行为过程中形成的规制和行为规范，简称为集群规制。它们均属产业集群制度建设的范畴。

社会文化因素之所以影响到产业集群的技术学习行为，是因为产业集群以及产业集群创新系统根植于社会网络之中，集群的成员以及成员中的人员都受社会文化的影响，其技术学习行为自然受社会文化的规制。这种社会文化对集群知识溢出和集群技术学习的规制包括对知识溢出源的规制、对知识溢出作用者的规制、对集群内部人员流动的规制，以及文化根植带来的集群技术学习的刚性。产业集群所根植的社会文化背景产生的集群成员之间、人员之间基于道德、诚信等基础上的规制，在相当程度上产生了对知识溢出作用者的约束作用。在促进知识交流的同时，可以避免恶性模仿和企业技术秘密的外泄，使之保留在一种合适的程度上。此外，这种规制还有助于在成员之间建立创新网络，开展合作创新。但文化上的稳定性和相似性也会导致集群技术学习的刚性，表现为成员或企业习

① 魏江．产业集群——创新系统与技术学习［M］．北京：科学出版社，2003．

惯地在集群内部寻找学习伙伴而放弃更优越的外部知识源，从而限制了集群技术学习的范围。统一的文化背景也不利于创新思想的存在，从而限制了对外部知识资源的开发，最终导致对其他技术路径的排斥。①

从产业集群发展的实践过程看，各种产业集群创新规制的作用强度并不相同。自我行为规制与集群的社会网络相关，集群规制与集群代理机构的发展程度相关，这两种集群创新规制在现实中的作用并不明显，只有通过政府及其机构设计的制度，尤其是相关的法律、条例，才能对集群的创新激励起到较强的规范作用。因此，从现实角度看，产业集群的创新规制在现阶段的重点，一是企业自身的制度建设，以实现知识控制；二是政府层面的规制建设，以营造一个良好的创新制度环境；三是充分利用集群的社会网络营造一个诚信、开放的创新文化环境。

三、产业集群创新规制建设

企业层面的创新规制建设重点是构建企业自身的产权保护，同时构建集群的自我行为规制。企业知识产权保护，包括品牌、商标等知识产权保护，即企业通过法律的手段来维护自身的知识产权。集群自我行为规制是在企业自组织过程中形成的正式规制。

集群层面的集群规制的建设重点是协调集群成员之间的行为，主要内容包括集群技术发展战略制定、合作渠道和沟通网络建立、非理性行为控制、集群文化建设等。集群技术发展战略以及更广泛意义上的集群发展战略，是为集群所有成员服务的集群公共产品，对集群的持续稳定发展具有重要意义。集群发展战略和集群技术发

① 魏江．产业集群——创新系统与技术学习［M］．北京：科学出版社，2003．

展战略由集群的代理机构或当地政府负责制定，其重点是为集群内企业提供集群主导产业的发展动态及相关产业技术的发展动态，为集群的发展提供信息、战略指导。集群合作渠道和沟通网络的建立是集群创新网络建立和集群式创新活动的重要载体，它是集群成员的一种自发行为，但这也需要集群代理机构的引导与支持。集群代理机构可通过建立集群成员的正式沟通制度，如企业家沙龙、技术协会等来促进合作渠道和沟通网络的形成。非理性行为，尤其是集群技术创新活动中的机会主义和“搭便车”行为，是产业集群创新系统的重要破坏因素。集群代理机构可以通过建立公共质量检测机构和及时的信息披露等手段来遏制集群中的非理性行为。如温州低压电器产业集群内部建立了公共质量检测机构，并由相关部门赋予其相当权力，由该机构定期检查集群成员的产品质量并向外部发布质量信息，使客户比较容易就能够甄别技术含量不同的产品，从而遏制集群成员的恶性仿冒和压价竞争，形成劣质淘汰机制。集群文化建设则需要借助集群的社会网络，在集群中形成鼓励创新的氛围。

产业集群创新系统的外部制度规制是通过政府及其机构制定而成，或在与外部市场发生关系的过程中形成的。由政府及其机构制定的外部制度规制多以政府正式文本的形式发布，包括政策、法规等。正如前面所述，政府在制定产业集群外部制度规制时，首先是从集群整体的角度考虑，增加集群共性知识，促进集群创新；其次才是保护集群内部成员和企业的利益，保护其创新动力。

从我国产业集群的发展实践看，政府及其机构设计的创新规制应重点关注以下三个方面：

（1）规范竞争秩序。要规范产业集群的竞争秩序，除了上面提到的政府授权集群代理机构建立产品质量检测机构进行质量监控和企业自身建立完善知识产权保护制度外，政府层面规制建设的重点是完善知识产权保护制度。

（2）引导产业发展。鉴于产业集群在区域经济发展中的重要作用，致力于区域经济发展的地方政府有职责从保持产业集群健康发展和促进区域经济发展的角度，根据区域产业集群的发展前景，对不同的产业集群给予不同的引导。政策的切入点是结合区域经济发展规划，制定重点产业集群的发展战略，预测产业集群的市场前景和技术前景，引导产业集群的发展。同时，重点扶持那些影响到重点产业集群发展的共性技术和关键技术攻关，以及集群创新基础设施建设等。

（3）完善创新激励机制。以地方政府的财政和税收政策为载体的创新政策是完善集群创新激励机制的重要手段，政府通过完善创新政策激励集群中高位势企业创新是集群创新激励的重要手段①。

政府除了通过制定集群创新规制以推进集群创新以外，还担负着通过建设集群公共服务机构和集群代理机构等创新基础设施来引导建立、增强集群本地网络与外地网络联结的职能。如为了增强产业集群的技术和人才支撑，政府需要加大对本地教育培训机构和科研机构的扶持力度，同时引导产业集群中的企业加强与本地高校和科研机构的联系，开展合作创新；为了保持产业集群的健康发展，还需要致力于发展各类中介机构和集群代理机构，扶持这些机构开展服务于集群技术创新的各类活动；为了增强产业集群本地网络与外地网络的联系，应在引导企业与外地创新机构建立联系方面提供服务。

① 魏江．产业集群——创新系统与技术学习［M］．北京：科学出版社，2003.

第六章　区域创新系统

区域创新系统是区域层面的创新系统，由区域创新网络与区域创新环境叠加而成。区域创新主体的创新行为及其相互之间的互动决定了区域创新系统的属性，而区域创新环境对区域创新主体的创新绩效影响很大。

第一节　区域创新系统的内涵界定

创新系统可从多个层面进行定义，如国家层面、区域层面、部门层面或技术层面。不管从哪个层面定义，都涉及知识的创新、传播和使用。[①] 创新系统包括组成要素、组成要素之间的互动关系以及创新环境。

---

① B. Carlson et al. Innovation Systems: Analytical and Methodological Issues [J]. *Research Policy*, 2002 (31): 233-245.

一、区域创新系统的定义

区域创新系统概念于1992年正式出现在文献中。在库克、布拉茨克和海登里希（Cook，Braczyk & Heidereich，1996）主编的《区域创新系统：全球化背景下区域政府管理的作用》一书中，库克对区域创新系统的概念进行了较为详细的阐述，认为区域创新系统是由在地理上相互分工与关联的生产企业、研究机构和高等教育机构等构成的区域性组织系统，而这种系统支持并产生创新。① 库克和逊斯托克（Cook & Schienstock，2000）认为，地理概念的区域创新系统，由具有明确地理界定和行政安排的创新网络和机构组成，这些创新网络和机构以正式和非正式的方式相互作用，以不断提高区域内部企业的创新产出。

魏格（Wiig，1995）在探讨区域创新系统的概念时，认为广义的区域创新系统应包括：①进行创新产品生产的生产企业群；②进行创新人才培养的教育机构；③进行创新知识与技术生产的研究机构；④对创新活动进行金融、政策法规约束与支持的政府机构；⑤金融、商业等创新服务机构。其他一些学者，如阿希姆（Asheim，1997）、卡希奥拉托（Cassiolato，1999）和卡尔松（Cadsson，1999）等，也从不同角度论述了区域创新系统的概念。

国内的学者在研究区域创新系统时，都试图给区域创新系统下定义，但大部分的定义都是从区域创新系统的组成要素与功能角度展开的。

在尚勇、朱传柏主编的《区域创新系统的理论与实践》一书中，他们认为：“一般地说，区域创新系统是主要由参与技术发展和扩散

① Cook P.，Hans Joachim Brazyk H. J. & Heidenreich M. *Regional Innovation Systems: The Role of Governance in the Globalized Word* [M]. London：UCL Press，1996.

的企业、大学和研究机构组成，并有市场中介服务组织广泛介入和政府适当参与的一个为创造、储备和转让知识、技能与新产品的相互作用的创新网络系统。”①

冯之浚在《国家创新系统的理论与政策》一书中认为：“区域创新系统是指由某一地区内的企业、大学和科研机构、中介服务机构和地方政府构成的创新系统。”黄鲁成在《基于行政区划的区域创新体系研究》一文中认为：“区域创新体系是指在一个经济区域内与技术创新的产生、扩散和应用直接相关，并具有内在相互关系的创新主体、组织和机构的复合系统。也可以表述为，区域创新体系是指在特定的经济区域内各种与创新相联系的主体要素（创新机构和组织）、非主体要素（创新所需要的物质条件）以及协调各要素之间关系的制度和政策网络。”②

盖文启、刘友金等认为，区域创新系统是指区域网络的各个结点（企业、大学、研究机构、政府等）在协同作用中结网创新，并融入到区域创新环境中而组成的系统。即区域创新系统是区域创新网络与区域创新环境的有效叠加构成的系统。区域创新系统具有开放性、本地化、动态性和系统性等特点，区域创新系统是建立在本地企业间，以及企业与科研机构间长期合作的基础之上的③。

一般认为区域创新系统是指一个区域内由参加新技术开发和扩散的企业、大学与研究机构、中介服务机构以及政府组成，为创造、储备、使用和转让知识、技能与新产品提供媒介的网络系统。

综合分析已有关于创新系统以及区域创新系统的定义，可以认为区域创新系统的概念至少应包括以下基本内涵：①具有一定的地

---

① 尚勇，朱传柏．区域创新系统的理论与实践［M］．北京：中国经济出版社，1999.

② 刘友金，黄鲁成．基于行政区划的区域创新体系研究［J］．企业经济，2001（3）.

③ 刘友金．技术创新集群效应——国外相关的理论研究及其启示［J］．湘潭工学院学报（社会科学版），2002（1）.

域空间范围和开放的边界；②以生产企业、研究与开发机构、高等院校、地方政府机构和服务机构为创新活动主体；③不同创新活动主体之间通过关联，构成创新系统的组织结构和空间结构；④创新活动主体通过创新（组织和空间）结构自组织及其与环境的相互作用而实现创新功能，并对区域社会、经济、生态产生影响；⑤通过与环境的作用和系统自组织作用维持创新的运行和实现创新的持续发展。①

在学习国内外国家创新系统和区域创新系统理论的基础上，我们认为：①区域创新系统是区域层面的创新系统，以特定的区域作为分析层面，是国家创新系统的组成部分；②区域创新系统以企业、高校与科研院所、科技中介机构为核心组成要素，以政府、金融机构、教育培训机构等为重要的支撑机构；③区域创新系统以增强企业、高校和科研院所的创新能力并形成产学研之间创新要素网络化互动，以促进技术要素流动、推进技术创新和提高区域创新能力为直接目的；④由各要素之间互动而形成的创新网络是区域创新系统的内部结构，区域创新系统的内外环境是区域创新系统运作的重要背景，区域创新系统是区域创新网络与创新环境的叠加，创新网络内部各要素之间的互动以及创新网络中各要素与创新环境的互动是区域创新系统的关键所在。

二、区域创新系统的组成要素

关于区域创新系统的组成要素，不同的学者也有不同的观点。

国际上关于区域创新活动主体的研究主要借用国家创新系统理论。自弗里曼对国家创新系统组成要素进行研究后，伦德瓦尔、帕

① 刘曙光，徐树建．区域创新体系研究的国际进展综述［J］．中国科技论坛，2002（5）．

威特等进行了进一步探讨，企业、大学、科研机构、教育部门和政府部门被认为是创新系统的主要构成部分，OECD 认为还应包括中介机构。

国内关于区域创新系统组成要素的说法较多，有学者认为区域创新系统基本构成要素有：①主体要素。即创新活动的行为主体，包括企业、大学、科研机构、各类中介组织和地方政府。由五大活动主体构成的网络型组织存在着清晰的区域创新网络。区域创新系统的形成要依赖各个参与者在创新活动中所结成的网络关系。区域创新系统的参与者借助产业网络和社会网络或者遵循共同的技术范式形成了一个创新网络，在这个网络中，企业运用所掌握的创新资源开发新的产品和技术，形成区域创新系统的产出。②功能要素。即行为主体之间的联系与运行机制，包括制度创新、技术创新、管理创新的机制和能力。首先是各主体的内部运营机制健全，其次是主体之间的联系合理、运行高效，企业、科研机构与学校、政府以及中介机构之间构建的信息高效流动、资源分配合理、发挥各自优势的机制就属于这种机制。③环境要素。即创新环境，包括体制、基础设施、社会文化心理和保障条件等。创新环境是维系和促进创新的保障性因素。功能要素和环境要素可以通过主体要素，特别是企业的行为、发展特征和经济效果反映出来。因此，处理好要素与要素、要素与系统的结合关系，对发挥区域创新系统的功能、提高区域创新系统的效率至关重要。

我们认为，根据上述关于区域创新系统的定义，大家对组成区域创新系统的主体要素包括企业、高校、科研院所、科技中介服务机构、政府、金融机构、教育培训机构（概括起来共六类，即“政、社、产、学、研、金”六要素）的观点达成了共识，但对于不同主体要素在区域创新系统中的地位与作用有不同的认识。其中，企业、高校、科研院所、科技中介服务机构、政府作为区域创新系统中的组成要素得到了普遍的承认，但对金融机构、教育培训机构在区域创新系统中的地位与作用，学者们又有不同的认识。我们认为，在组成区域创新系统的诸要素中，“产、学、研”即企业、高校、科研院所是核心组成要素，科技中介机构是联系产、学、研，促进要素互动的桥梁，政府是制度创新的主体，也是促进产、学、研要素互动的重要促进机构，金融机构、教育培训机构则是区域创新的重要支撑机构。

第二节　区域创新网络

在区域创新系统中，各种创新主体相互联系构成的创新网络是区域创新系统的基本结构形式。

一、区域创新网络研究进展

关于区域创新网络的研究在国家创新系统理论中就有涉及，但对区域创新网络研究进展贡献较大的是欧洲创新研究小组（简称“GREMI”）的研究。欧洲创新研究小组成立于1985年，他们在对欧洲的15个区域和美国的硅谷进行调研后认为，区域发展以及大量的企业在地域空间上的聚集，与其所在区域内的社会人文环境密切相关，被称为创新环境学派。

在对创新环境进行深入研究的同时，这一学派的主要成员Camagini和Remigio等提出了区域创新网络的概念，并指出区域创新网络以及区域创新网络与区域创新环境的互动对区域经济以及产业集群的发展具有重要的作用。Camagini在其1991年出版的《创新网络》(*Innovation Networks*) 一书中指出区域创新网络与区域创新环境是两个有区别的概念。Remigio 等在其 1997 年出版的 *The Dynamics of Innovative Region*: *The GREMI Approach* 一书中认为，区域创新网络与区域创新环境之间是有机互动和互相促进的关系。

除了欧洲创新研究小组以外，国际上许多创新研究者也十分强调区域创新网络的重要性，并对区域创新网络进行了研究。如美国的萨克森宁（Saxeman）在强调区域创新网络对硅谷发展重要性的同时，提出这种区域创新网络包括产业合作网络、社会关系网络与人际关系网络。

伦德瓦尔和西都（Lundvall & Sydow，1992）首先指出网络的两大组成部分，即要素和关系。西都还对网络的不同层面进行了分类，认为网络应包括实体中的网络、理论研究中的网络和分析方法上的网络。依克纳梅第斯（Economides，1995）在其题为“网络经济学”的论文中对网络的结构类型进行了划分。多数文献指出区域性网络在实际创新过程中对传递可编码的规范化信息和不可编码的隐含信息的重要作用。部分学者对实际的地域空间网络进行了实证研究，如格罗兹和布朗（Grotz & Braun，1997）对德国技术工程产业地域网络建设的研究。

国内关于区域创新网络的研究被认为开始于中关村区域创新网络的研究，主要的研究领域包括：国内园区个案剖析、区域创新网络一般性研究、国外园区比较研究。① 北京大学的盖文启以创新网络为博士论文选题，并在此基础上出版了《创新网络——区域经济发展新思维》一书，对上述三个方面进行了系统研究。最近几个关于区域创新网络的研究仍在继续。

综合国内外关于区域创新网络的研究可以看出：①区域创新网

---

① 原长弘，贾一伟. 国内创新网络研究基本状况和主要进展 [J]. 科学研究，2003 (5).

络对区域发展的重要性日益被普遍接受；②关于区域创新网络的概念和基本构架等基本理论问题已比较清楚，但也存在着将区域创新网络与产业集群网络、产业集群创新网络混淆的现象；③对区域创新网络内部结点之间的互动以及区域创新网络与区域创新环境之间的互动的认识还不够深入。

二、区域创新网络的概念

欧洲创新研究小组的研究指出，企业的发展依赖其在区域内结成的网络，这种区域内的网络不仅包括同一产业或相关链条上的企业之间正式的经济网络，还包括企业在创新与发展过程中，与当地的大学、研究机构、行会等中介服务组织以及地方政府等公共组织机构之间在合作基础上而结成的研发合作网、社会关系网、企业家间的个人关系网络等。企业在创新和发展的进程中，面临着日益不确定的市场和技术环境，区域内网络的链接是企业发展与创新过程中最重要的战略行为，也是区域内各行为主体发展的必要条件。①

盖文启在其专著中对区域创新网络的定义是："简单地讲，区域创新网络是指一定地域范围内，各个行为主体（企业、大学、研究机构、地方政府等组织及其个人）在交互作用与协同创新过程中，彼此建立起各种相对稳定的、能够促进创新的、正式或非正式的关系总和。"并且进一步指出：从网络的角度讲，区域创新网络包括正式的合作网络和非正式关系，其主要形式是区域内正式的合作网络，包括区域内每一个企业在其设计、技术开发、生产、市场营销等创造价值的活动中，选择性地与其他企业或行为主体所结成的长期的稳定关系，以及企业与研究机构或大学在共同参与技术合作、技术

① 盖文启．创新网络——区域经济发展新思维［M］．北京：北京大学出版社，2002.

扩散等活动过程中而结成的研发合作网络或者技术交易网络等，还有企业与公共机构或中介服务机构结成的教育、培训、公共政策扶持等服务网络。区域创新网络还包括地方行为主体相互作用过程中产生的非正式（或非契约）关系，以及基于共同的社会文化背景建立的人与人之间的社会关系网络。

我们认为：①欧洲创新研究小组的区域创新网络实际上是产业集群网络，包括了产业集群的经济网络、创新网络和社会网络，而创新网络是产业集群网络的组成部分。产业集群创新网络实际上是指“企业在创新与发展过程中，与当地的大学、研究机构、行会等中介服务组织以及地方政府等公共组织机构之间在合作基础上而结成的研发合作网”。②盖文启的定义太宽泛。其中的正式合作网络实际上是指产业集群网络，包含产业集群的经济网络和创新网络，其中的非正式关系实际上是社会关系网络。

产业集群与区域之间的关系有多种形式，在盖文启的研究中，产业集群包含或等同于区域。因此，在他的表述中，产业集群网络等同于区域网络，产业集群创新网络等同于区域创新网络。但我们认为，更多的形态是一个区域内存在着多个产业集群。产业集群是区域经济的组成部分。从空间角度看，区域包含了产业集群。

产业集群本身是一种网络组织，产业集群网络起码包含了以下三种网络：基于产业之间投入—产出关系的经济网络（也称生产网络、交易网络），基于集群内各结点之间知识技术流动的创新网络，基于集群内行为主体之间社会关系的社会网络，即创新网络是产业集群网络的组成部分。

因此，区域创新网络是指区域范围内各创新主体在长期正式或非正式的合作与交流关系的基础上所形成的相对稳定的网络。需要强调的，一是区域创新网络的空间范围是区域，并以此区别于产业集群创新网络；二是区域创新网络是一种创新网络，是在经济网络和社会网络基础上的创新网络。社会网络和经济网络中产业之间的技术联系促成创新网络的形成和发展，创新网络的形成和发展反过来推动区域经济的发展。

三、区域创新网络的结点及要素的流动

盖文启在其专著中提出的区域创新网络基本构架图如下：

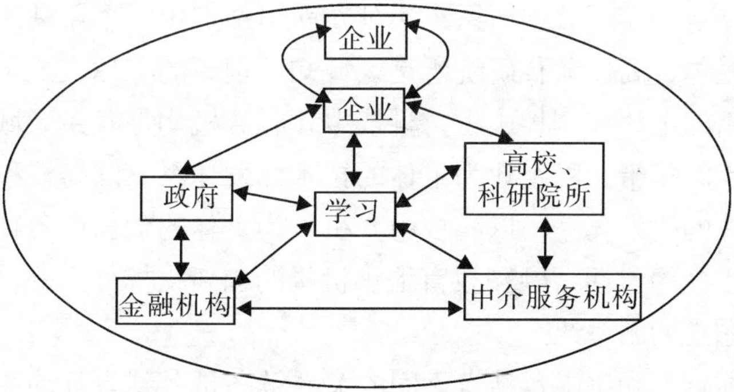

图6－1　区域创新网络的基本构架图

在图6－1中，企业、大学、研究机构、中介机构、政府、金融机构是区域创新网络的结点。各个结点在协同创新过程中的作用有所差别：企业是直接参与创新活动最主要的行为主体，经常处于区域创新网络研究的中心位置；高校和科研院所等科研机构也直接参与创新，但其作用要通过企业来实现；中介服务机构、政府和金融机构通过为创新的直接主体提供良好的创新环境和服务条件间接参与创新活动。

我们认为，区域创新网络是区域创新系统的内部结构形式。因此，区域创新网络的结点也就是区域创新系统的创新主体。即区域创新网络的结点包括企业、高校、科研院所、科技中介服务机构、

政府、金融机构、教育培训机构，其中企业、高校、科研院所是核心组成要素，科技中介服务机构是联系产、学、研，促进要素互动的桥梁，政府是制度创新的主体，也是产、学、研要素互动的重要促进机构，金融机构、教育培训机构则是区域创新的重要支撑机构。

在区域创新系统中，各结点对网络结构表现出弱嵌入性。企业和科技中介服务机构是区域创新系统中非稳定的网络结点，受市场机制的影响最大。高校和科研院所是相对稳定的网络结点，受市场机制的影响相对较小。在同一社会制度下，政府是区域创新系统中稳定的结点。在区域创新系统的创新网络结点中，企业是区域技术创新的主体，高校和科研院所是区域知识创新的主体，政府是区域制度创新的主体和调控中枢，科技中介服务机构是联系区域创新系统各结点的纽带。以企业为主体的技术开发体系、以高校和科研院所为主体的研发体系、以科技中介机构为主体的创新服务体系、以政府为主体的包括金融和教育培训机构的创新支撑体系等，都是区域创新系统的子系统。

区域创新网络中各结点之间的关系链条是各结点互动关系的表现。区域创新网络的基本构成要素及其相互作用见图6－2。

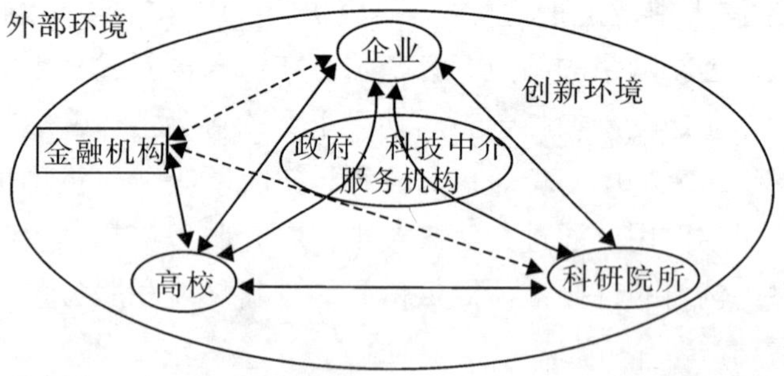

图6－2　区域创新网络基本构成要素及其相互作用示意图

在图6－2中，企业、高校、科研院所、地方政府和科技中介服务机构之间结成了网络互动关系，形成了区域创新网络的框架。在这个网络框架中，企业、高校、科研院所、地方政府、科技中介服务机构是网络的结点，线条表示技术、人才、信息、政策等创新资源的流动。在区域创新网络中，各创新活动主体（结点）无论其规模实力大小，都是相对独立的，没有支配与依附关系，都以伙伴关系或以合同为基础参与区域创新活动，成为区域创新网络的组成部分，通过结点之间的合作交往来维持，通过各结点的相互作用、相互激发，能产生“整体大于局部”的效果。企业、高校、科研院所是知识创新、技术创新的主体，知识创新和技术创新主要发生在这三个结点上。政府和科技中介服务机构是产、学、研创新活动主体之间创新资源流动的重要推动者和载体。网络的结点密度越大，联系的结点越多，交流机会就越多，创新能力也越强。

从整个区域来讲，网络结构的重要功能在于保持区域的持续创新能力和竞争优势。创新是一种社会的、非线性的过程，是行为主体通过相互协同作用而创造技术的过程，也是学习知识的过程。哥瑞波赫（Grabher）认为，网络内松散的链接为相互学习和创新提供了满意的条件。网络不断开辟途径以接纳纷繁复杂的信息资源，并提供比等级组织更广泛、更可观的面对面交流的机会，使隐含经验类知识能够在区域内转化为编码化知识，而这种编码化知识是区域外的竞争对手难以复制的。由此可见，在区域创新网络中，创新的效率不仅取决于各个行为主体的高效运转，更取决于各个行为主体间的相互联系和合作。①

在国际上关于区域创新系统活动主体之间相互关联形式的研究中，伦德瓦尔认为“学习”是要素间的主要关联形式，帕威特认为“激励”是其主要关联形式，OECD 则认为主要关联形式是“知识流动”。

---

① 王子龙，谭清美．区域创新系统（RIS）的网络结构［J］．科技进步与对策，2003（1）．

区域创新系统的内部机制主要有四个：交互式学习、知识创造和分享、邻近性、社会嵌入性。区域创新系统中的创新要素正是通过系统内部机制的相互结合、相互作用，产生某种输出意义上的改变（新产品、新技术的产生等），进而影响区域创新系统的发展，提高区域创新系统的效率。区域创新系统作为一个在经济区域内与技术创新的产生、扩散和应用直接相关，并具有内在相互关系的创新主体、组织和机构的复合系统，其获得成功的前提是基于本地的创新网络，即建立在企业间以及企业与科研机构间长期合作的基础之上。无论是国家创新体系还是区域创新系统，其目标都是通过有效的知识积累、传承与增长来促进技术创新，从而促进生产率的大幅度提高；其方式是通过创新系统的主体构成有效的网络、互动创新。[①]

四、企业技术开发体系

企业是区域创新系统的核心，是技术创新的主体。企业在区域创新系统中的核心地位来自企业技术创新的主体地位和区域创新系统以产业升级和经济发展为终极目标的经济特性。区域创新系统以产业升级和经济发展为终极目标，是区域创新系统不同于国家创新系统的一大特征，即区域创新系统更强调创新的经济产出。因此，以技术创新实现为目标的企业，就理所应当地成了区域创新系统的核心。

企业是技术创新的主体，这意味着企业是技术创新的执行者。是企业的技术创新决策决定了区域技术创新的内容，是企业的技术创新活动实现了技术创新的过程（即提供了新产品、新工艺和新服

① 陈柳钦等．基于产业集群的区域创新体系构建［EB/OL］．学说连线，http：//www. xslx. com.

务），是企业的技术创新投入构成了区域创新的动力，是企业承担了创新的风险和成果，是企业的技术创新途径决定了区域科技创新模式。

企业是技术创新的主体意味着企业是区域创新的起点和归宿。这是因为，技术创新是体制创新、机制创新、政策创新、管理创新、服务创新和文化创新的起点和归宿，创新的效果最终通过企业来体现。在以企业、高校、科研院所、地方政府、科技中介服务机构为结点构成的创新网络结构中，知识创新、技术创新与扩散交叉点的企业是区域创新系统的运动中枢，企业的创新能力与动力强弱是制约以高校、科研院所为主体的研发体系和以科技中介服务机构为核心的技术扩散与服务体系运行效率乃至整个区域创新系统运行效率的核心环节。

增强企业技术创新的能力，强化企业技术创新的主体地位，一要培育有竞争力、有创新活力的企业主体；二要加大对企业技术创新投入的支持；三要积极为广大中小企业提供创新服务；四要为企业技术创新营造良好的区域创新环境，培育创新资源。同时，要防止在企业作为技术创新主体地位问题上出现的误区，即认为企业应主要靠自己的研究开发来解决技术源问题。这种认识在当前或今后一个相当长的时期内不仅不现实，而且是有害的。因为大多数企业在相当长的时间内尚难具备这种能力。因此，充分利用国内外技术源是现实、可行而又合理的道路。企业是技术创新的主体，并不代表技术全要靠自己开发。在近期内，企业要形成识别和选择技术、合理引进技术、有选择地开发技术、在消化吸收的基础上进行二次创新的能力，这些也是自主创新的体现。① 不同区域由于企业特征不同，区域创新系统建设的途径与措施也存在差异，这是区域创新系

① 吴贵生．进一步完善区域技术创新［J］．中国科技月报，1999（8）．

统地域性的重要体现。主要表现为：①不同行业技术创新的内容、途径，以及技术创新在企业发展中的作用有很大的差异。可以按 R & D 密度划分的行业分析区域企业技术创新的特征，从中得出区域科技需求的特征。②不同区域的企业所生产的产品所处的生命周期不同，技术创新活动的内容和频率也有显著的差异。③企业规模结构差异导致技术创新的地域性。即使是同一行业的企业，由于企业规模的差异，企业技术创新的内容、方式会有很大的差异。

在企业规模与企业技术创新活动的关系问题上，一直以来都存在着两种观点。一种观点认为，企业规模与企业技术创新活动之间存在着正相关关系。企业规模越大，企业开展技术创新活动所需要的财力和人力的支撑就越强，承担技术创新的风险能力也就越大。因此，规模大的企业是区域技术创新活动的主体。另一种观点认为，企业规模与企业技术创新活动之间存在负相关关系。小企业以其灵活的决策、经营机制，为企业的技术创新活动营造了有利于技术创新的制度环境，小企业是区域技术创新活动的主体。对这个问题的争论其实还涉及市场结构与企业技术创新活动的关系问题。在一种企业需要竞争才能生存的行业环境中，应该说企业的规模越大，技术创新的投入优势就越明显，至于企业的制度环境则可以通过企业制度创新加以克服；相反，小企业在科技投入方面的劣势，在相当程度上制约了企业的技术创新活动。在一种垄断程度较高的市场结构中，由于垄断因素的存在，就会使大企业倾向于利用对市场的控制来赢得市场，在这种情况下，规模大小并不与企业的技术创新活动程度和水平相对应。

五、区域研发体系

以高校和科研院所为依托的研发体系是区域创新系统中重要的

创新源，是区域创新系统中以企业为主体的技术开发体系的重要技术成果源和人才源。在区域创新网络中，高校、科研机构作为知识和技术的重要供给者，是知识创新的主体和科技人才的源泉。它们的知识储备向企业流动，并形成良好的反馈回路，是区域创新网络中一种重要的知识流动。这种流动主要体现在作为技术需求方的企业和作为技术供给方的科研院所或高校之间的合作，包括联合研究、共享专利、合作出版以及其他非正式联系方式。区域创新网络为大学和科研机构提供了相互交流的界面，企业直接对大学和研究机构提出技术需求、提供科研经费，促使大学和研究机构针对市场需求的技术创新能力明显增强，这种双向互补的需求使交流结点频繁出现，创新资源的流量增大，创新机会也大大增加。

这里的科研院所是指区域内的独立法人科研机构。独立法人科研机构在区域创新系统中的功能是从事科学研究，参与成果转化，营造科学文化。从事科学研究是科研机构的本职工作，在区域创新系统内这项功能表现为向企业提供技术成果、向政府提供决策咨询；参与成果转化是指科研机构与企业联合开展技术创新活动；营造科学文化是指创造积极向上的学术气氛、科学理念和科研环境，参与区域系统的文化创新。

科研院所是区域创新系统中重要的创新源泉，由于不同区域在国家原有科技体制中的地位不同，不同区域科研院所的发展水平差异很大，科研院所建设的重点也各不相同。对于拥有大量国家级科研院所的区域，科研院所建设的重点在于推进科技体制改革，完成科研院所的转制工作。这包括：应用开发类科研机构通过转为企业、进入企业和转为科技中介服务机构等方式向企业化转制；以能够创造市场价值、获得市场回报为主要业务的公益类科研机构向企业化转制，主要从事应用基础研究或公共服务、无法得到相应经济回报、确需政府财政支持的机构按非营利性机构运行和管理；鼓励有条件的科研机构转为科技中介机构；鼓励科研机构进入高校或与高校开展多种形式的联合，等等。对于没有国家级科研院所，仅有少量规模小、层次低的地方科研院所的区域，科研院所建设的重点是如何培育、建设区域研发机构，以增强研发能力。

在区域创新系统中，科研院所担负着为企业的技术创新提供技术支持的职能，但在不同的区域其职能有很大的区别。在科技基础雄厚、具备自主创新甚至是原始创新能力的区域，科研院所的主要职能是开展原始创新，为基于原始创新的高技术产业的发展提供支持。在科技基础薄弱、不具备原始创新能力的区域，科研院所的主要职能是开展应用研究，为企业的技术开发提供技术支持。

这里的高校是指作为区域研发体系重要组成部分的具有研发能力的高等院校。这类高校的创新功能包括：培养创新人才、从事科学研究、传播科学知识、参与成果转化、营造科学文化。培养创新人才表现为两个方面：一是为区域创新系统培养并输送博士、硕士等研发性人才；二是为区域创新系统中的企业培训在职科技人才。从事科学研究是指在高校开展基础研究与应用研究，为区域创新系统提供科学与技术储备。传播科学知识是指高校作为区域创新系统内学术和技术交流的中心，是传播科学技术的载体。参与成果转化是指高校参与企业的技术创新，并将科技成果转化为现实生产力。营造科学文化是指高校要体现社会先进文化的时代特征，创造积极向上的学术气氛、创新理念、人文环境和校园文化，推动区域系统的文化创新。

因此，高校在区域创新系统中，既是重要的创新源泉，更是知识、技术传播的媒体与人才创新的培养基地，担负着供给科技资源、培养科技人才和为企业技术开发提供支撑的职能，是企业技术创新的重要依托。同时，具有较强研发能力的高校，还具有衍生、孵化科技型中小企业的重要作用，是区域科技型企业的诞生地和摇篮。

一所富有创新意识和活力的研究型大学往往是新知识凝聚的载体和创新人才聚集的地方，能够促进新技术、新企业的产生，并能通过孵化、培养科技型中小企业成为区域经济增长的动力。高校在区域创新系统建设中具有举足轻重的作用。

六、区域创新服务体系

科技中介服务机构是创新服务体系的执行主体。科技中介服务机构是指为科技创新主体提供社会化、专业化服务以支撑和促进创新活动的机构。我国科技中介服务机构大多产生于20世纪80年代，从功能上大体可划分为三类：一是直接参与服务对象技术创新过程的机构，包括生产力促进中心、创业服务中心、工程技术研究中心等，以技术服务为主要职能；二是主要利用技术、管理和市场等方面的知识为创新主体提供咨询服务的机构，包括科技评估中心、科技招投标机构、情报信息中心、知识产权事务中心和各类科技咨询机构等，以技术咨询为主要职能；三是主要为科技资源有效流动、合理配置提供服务的机构，包括常设技术市场、人才中介市场、科技条件市场、技术产权交易机构等，以技术交易为主要职能。

科技中介机构的创新功能体现为以专业知识和专业技术为基础的服务创新，其主要功能是促进各类创新主体之间的知识流动和技术转移，尤其是高校和科研机构与中小企业之间的知识流动与技术转移。科技中介服务机构能够有效降低创新成本、化解创新风险、加快科技成果转化、提高整体创新功效等，是联系科技与经济的纽带，是衔接区域创新系统中创新主体的桥梁，是创新资源优化配置的促进力量，是区域创新系统不可或缺的组成部分。①

① 谭清美．区域创新系统的结构与功能研究［J］．科技进步与对策，2002（8）．

由于科技中介服务机构以推进知识流动、技术转移为宗旨，以企业为主要服务对象，因此，其在不同层次上的创新系统中的作用不同，层次越低，作用越大。在国家层面，建设国家创新系统的重点，首先是知识创新体系的建设，尤其是竞争前的基础研究、关系到国家安全的战略性研究等；其次是技术创新体系的建设，尤其是战略性技术和高技术的研究；最后是创新服务体系的建设。在省级区域层面，建设区域创新系统的重点取决于各地的科技、经济特点。一般而言，首先是技术创新体系的建设，其次是知识创新体系的建设，最后才是创新服务体系的建设。在地级市一级区域，虽然技术创新是区域创新的核心，但在推进技术创新的措施上，则根据各地的特点而有所不同，或以创新服务体系为先，或以技术创新体系为先，知识创新体系居次要地位。因此，国家层面创新服务体系建设的重点，一是创新服务体系发展模式的研究与政策法规的建设，为全国的创新服务体系建设指明方向；二是科技中介服务机构的建设，尤其是国家层面上的科技中介服务机构的建设，同时，鼓励建设区域性、行业性的科技中介服务机构；三是鼓励应用信息技术、网络技术，组织全国性的科技中介人才培训，以信息化、网络化实现科技中介服务方式的创新，以人才培训，增强科技中介服务能力，提高服务质量；四是各地、各类科技中介服务机构的联网，包括纵向的联网和横向的联网，纵向的联网如中国技术创新网、中国生产力促进网等，横向的联网如上述各网之间的联结。而在省地市一级区域，创新服务体系建设的重点，一是技术交易机构的建设，以推进区域内或区域间的技术转移，为企业提供技术信息和技术成果；二是技术服务机构和技术咨询机构的建设，为企业提供便捷的科技信息获取渠道、有效的技术咨询及技术服务。

同样是在地市一级区域，由于区域科技、经济特征的不同，创新服务体系建设的重点也就各不相同。因为，在区域创新系统中，科技中介服务机构是知识、技术流动的纽带，在区域创新系统中起着十分重要的作用，它既是连接区域内企业、大学、科研院所等创新执行机构实现区域创新系统内各要素互动的桥梁和纽带，也是连接区域内外创新执行机构实现创新要素区际互动的重要媒介。在科技实力强大的区域，其主体职能是实现区域内创新要素的互动；但在科技资源薄弱的区域，其主体职能是实现创新要素的区际互动，吸纳区外科技资源为区域内的企业技术创新活动提供支撑，即促进技术转移，支持中小企业的技术创新。

当前，科技中介服务机构发育不足已经制约了科技创新和创业的进一步拓展，大力发展科技中介服务机构已经成为区域创新系统建设的一个十分紧迫的任务。促进科技中介服务机构发展的措施和办法主要有：扶持和培育骨干科技中介服务机构，搭建科技中介信息平台，指导和推进资质认证和信誉评价，研究制定有利于科技中介机构快速发展的税收优惠政策，以加强从业人员和管理干部的培训，更好地发挥行业协会的作用等。总之，围绕科技中小企业的困难和需求，搭建科技中小企业创新创业发展的技术平台和信息平台。①

生产力促进中心作为一种与国际接轨的、主要为中小企业提供社会化服务的科技中介机构，在国内的主要职责是作为联系政府、科研院所和中小企业的桥梁，推动科技与经济结合，提高企业特别是中小企业的技术创新能力和市场竞争力，是一个相当综合性的科技中介服务机构，其主要业务包括提供技术、信息、人才和技术中介服务，开展技术、管理、项目等咨询和人员培训工作，培育科技型企业。

① 资料来源于时任科技部部长的徐冠华在2003年区域创新体系建设研究工作研讨会上的讲话。

第三节　区域创新环境

区域创新环境对区域创新系统中各创新主体的创新能力与创新效率有重大的影响。区域创新环境包括区域创新的制度环境、区域创新文化和区域创新基础设施、区域科技投融资体系和教育培训体系等。

一、区域创新环境研究的进展及含义

在国际上，欧洲创新研究小组（GREMI）是创新环境研究的开创者和主要研究机构。区域创新环境概念就是由欧洲创新研究小组率先提出的。欧洲创新研究小组认为创新环境是：在有限的区域内，主要的行为主体（结点）通过相互之间的协同作用和集体学习而建立的非正式的复杂社会关系，这种关系提高了本地的创新能力。实际上，欧洲创新研究小组所指的创新环境是社会人文环境。从创新来看，环境是一种发展的基础或背景，它便于创新性机构进行创新并和其他创新机构相互协调。创新环境理论的核心是了解什么外部条件有利于新企业的成长和现有企业的创新。创新环境理论认为，产业的本地化包括提升整个社区的技术和专业化水平，提供丰富的高素质劳动力，增加辅助的贸易和专业化服务，满足众多公司的需求，为采用更加专业化的机构创造条件。企业聚集使大家可以共享单个企业无法实现的大规模生产和技术以及组织创新的好处。创新环境研究强调产业区内创新主体的集体效率（collective efficiency），强调创新行为的协同作用。欧洲创新研究小组反复强调环境的性质，

但将区域创新环境等同于产业集群创新环境，并没有特别说明它的机制和过程，也没有说清为什么本地化可以使技术和组织更加富有活力。①

国内关于创新环境的研究主要包含在区域创新系统研究中。在区域创新系统研究中，有些学者认为区域创新系统由主体要素、功能要素和环境要素组成。创新环境包括体制、基础设施、社会文化心理和保障条件等。盖文启在其专著中认为，区域创新环境应该包括两方面的含义：一是促进区域内企业等行为主体不断创新的区域环境（静态的创新环境）；二是为进一步促进区域内创新活动的发生和创新绩效，区域环境自身随着客观条件的变化，随时进行的自我创新和改善的过程（动态的创新环境）。并且认为区域创新环境包含了社会文化环境、制度环境和劳动力市场环境等，是区域软环境的组成部分。②

我们认为，企业、高校、科研院所、科技中介服务机构是区域创新系统中的主要创新主体，这些主体自身创新能力的强弱及相互之间的联系与互动决定了特定区域的创新能力和创新效率，同时区域创新系统的地域性也决定了区域创新环境对区域创新能力和创新效率有着重大影响。

以政府为主体、制度创新为重点的政府科技管理调控体系，以科技园区和创业服务机构为载体的创业服务体系，以科技基础设施建设为重点的科技创新硬环境，以政府投入为主导的社会多元化创新投入体系，以各类教育、培训机构为主体的教育、培训体系，共同构成了支持企业技术创新和高校、科研院所研发活动的创新环境。创新环境建设主要通过体制创新、机制创新、管理创新等制度创新来实现，政府和金融、教育、文化等机构是创新环境的建设者，其

① 王缉慈．创新的空间——企业集群与区域发展［M］．北京：北京大学出版社，2001.
② 盖文启．创新网络——区域经济发展新思维［M］．北京：北京大学出版社，2002.

中政府起着十分重要的作用，是制度创新和创新环境建设的主体。

二、地方政府与创新制度环境

地方政府在区域创新系统中具有多种功能。政府是创新资源配置的重要力量，引导区域科技发展的方向，培育区域创新资源并推进创新资源在产、学、研三者之间的流动；政府是制度创新的主体，是区域创新活动规则的制定者；政府是创新环境的建设者，更是科技基础设施等公共平台的建设者。

地方政府作为区域创新系统的重要组成要素，一直扮演着双重角色：既是区域创新活动的管理调控者，也是区域创新活动的直接参与者。随着市场经济体制的逐步建立，地方政府积极培育企业、高校和科研院所、科技中介服务机构等创新主体，其作为区域创新活动的直接参与者的角色逐渐淡化，而作为区域创新活动规则制定者、创新资源配置者、创新环境建设者的角色则在逐渐增强。通过制度创新和管理创新，营造制度优势和环境优势是政府的重要职责。

政府在区域创新系统中的具体任务包括：支持基础研究尤其是竞争前研究和战略性研究，引导企业技术创新的方向，建设并完善创新制度环境，建设科技基础设施，建设科技园区，扶植科技创业服务机构等。但针对不同区域的科技资源和产业体系特征，侧重点各不相同。对于一个区内科技资源不足以支撑企业技术创新活动的区域，政府的主要职能是引导企业技术创新的方向，增加区域科技资源供给。

作为区域创新资源的配置者，政府的作用主要体现为通过制定科学的发展战略和规划，引导并实现区域科技资源的合理配置。包括：支持基础研究尤其是竞争前的战略性研究，以增强区域科技发展潜力，实现区域科技发展的长远目标；引导企业技术创新的方向，担当技术创新“导航人”的角色；通过扶持建设科技中介机构，实现区域内科技资源的有效流动与合理配置。

作为制度创新主体，政府的工作重点是科技政策的创新和知识产权保护法等法规的创新。科技政策是一个区域的政府在一定历史时期的总目标下，为有计划、有组织地促进科学技术发展，并使科学技术更好地推动社会经济的发展而制定的发展科学技术的准则和主要措施。[①] 科技政策的主要内容涉及政府支持科学技术的方法、重点支持的领域、支持的结构等方面。随着社会经济发展阶段的转变和人们对科技在社会经济发展中作用的再认识，科技政策演变的总体趋势是从战后初期的科学政策（以支持基础研究等科学的发展为重点），发展到创新政策（以支持企业的技术创新为重点），再演变到在关注企业技术创新的同时对区域创新系统给予更多的关注，强调科技要素的互动和整体效应。重要的政策法规包括：对科技型中小企业的扶持，加大财税等对科技投融资的扶持，允许和鼓励技术与管理等要素参与收益分配，加强知识产权的管理和保护。

三、区域创新基础设施

区域创新基础设施的建设主要由政府承担。政府作为创新环境的建设者，重点是建设科技基础设施、科技园区和孵化器等公共创新平台。

一个区域的科技基础设施条件是知识经济背景下区域基础设施的重要组成部分，相对于国家创新基础设施来说，区域科技基础设施的内涵要小一些，但更加地域化。国家的创新基础设施主要包括国家技术标准、大型共用数据库、大型科研设施、图书馆和情报所

① 方新．论科技政策与科技指标［J］．科技管理研究，2001（1）．

等。区域创新系统的科技基础设施建设，重点是对现有的科技设施、自然科技资源、科技文献和科学数据进行系统优化，加强以资源共享为核心的制度建设，形成功能齐全、开放高效的网络化科技基础平台。①

科技园区是新的经济空间组织形式创新，建设科技园区是发展高新技术产业的重要举措。科技园区中的创业服务中心，又称企业孵化器，是在20世纪50年代末伴随新科技革命的兴起发展起来的。企业孵化器为创业者提供了良好的环境和条件，帮助创业者把发明和成果尽快转化形成商品进入市场，提供综合服务，帮助新兴的小企业发展成熟，形成规模，进而为社会培养成功的企业和企业家。由于在培养新的经济增长点方面发挥了富有成效的作用，企业孵化器这种形式在全世界范围内得到了较快的发展。从推进科技成果转化的角度以及企业孵化器中拥有大量中介服务机构的角度看，企业孵化器也是一种科技中介服务机构，但不同于其他科技中介服务机构的是，企业孵化器为创业者提供良好的环境和条件，其功能与园区建设道路、电力等基础设施的功能相近，所以，它也可视为一种基础设施。因此，在区域创新系统中，企业孵化器既是一种科技中介服务机构，也是科技基础设施或科技创新环境的重要组成部分。

企业孵化器在我国起步较晚，开始于20世纪90年代。在开始阶段，多是由政府出面建设的，以高新技术创业服务中心为代表的综合性孵化器。随着企业孵化器在推进科技成果转化方面作用的显现，专业性的孵化器和面向特定创业对象的孵化器得到较快的发展。除了政府主办的孵化器以外，还出现了高校、企业等多种经办主体，但政府主办或政府参与的孵化器仍占主流。孵化器的主要功能仍然是促进科技成果转化、孵化科技型企业，是科技与经济合作的重要载体。

① 资料来源于时任科技部部长的徐冠华在2003年区域创新体系建设研究工作研讨会上的讲话。

四、科技投融资体系

高技术项目的高投入决定了企业、高校和科研院所开展创新活动需要强大的投融资体系的支撑，而高技术项目的高风险则决定了企业、高校和科研院所开展科技创新活动时所需的投融资支撑不是传统的金融体系所能提供的。因此，建设科技投融资体系就成为区域技术创新活动的重要支撑体系，在区域创新系统建设中占有十分重要的地位。

科技投融资体系由政府科技投入、企业科技投入、风险投资和金融投资四部分组成。其中，政府的科技投入是重要的引导力量，企业的科技投入是主体，风险投资和金融投资是重要支撑，形成了以政府投入为引导、企业投入为主体、金融信贷与风险投资为支撑、社会投入为补充的适应市场经济要求的科技投融资体系，是各地区域创新系统建设的目标之一。为了进一步推进区域创新系统的建设，时任科技部部长的徐冠华在 2003 年区域创新体系建设研究工作研讨会上提出："要充分发挥税收政策的引导作用，加大对企业研究开发投入的税收抵扣。大力支持中小企业的创新活动，对中小企业提供技术援助和建立健全市场投融资机制。"

第七章 基于产业集群的区域创新系统模型

从空间角度看，产业集群分布在一定的区域之内，区域包含了产业集群，产业集群是区域经济的载体。基于产业集群的区域创新系统是一个由企业创新系统和产业集群创新系统组成的三级系统，其中企业创新系统是基础，产业集群创新系统是核心，三级系统之间的耦合是关键。基于产业集群的区域创新系统的最鲜明特点是以产业集群为导向建设区域创新系统，以构建并完善重点产业集群创新系统和区域创新环境为区域创新系统建设的重点。

第一节 产业集群与区域创新系统

理顺产业集群与区域创新系统之间的关系是建立基于产业集群的区域创新系统模型的重要前提。国内外现有的产业集群与区域创新系统研究往往将产业集群与区域创新系统混为一谈，原因之一是没有理清产业集群与区域之间的空间关系；之二是没有从创新系统的视角来看待两者的关系。关于产业集群与区域创新系统的关联性，陈柳钦等人提出的地域关联、结构关联、功能关联、目标关联作出了很好的归纳与总结。其前提是产业集群所具有的地理集中性表明产业集群往往集中在某一特定的区域范围内。这使得产业集群与其所在区域的区域创新系统具有种种内在的关联性。我们认为，从空间上讲，产业集群多是指地方性集群，是包含在一定的行政区域范围之内的；从经济意义上讲，产业集群是区域经济的载体，而建设区域创新系统的目的在于提升区域竞争力，从而促进区域经济的发展，两者的目的是一致的；从技术创新的角度看，当将产业集群视为一种创新系统时，产业集群创新系统和区域创新系统均被视为简化了的国家创新系统（Reduced—NIS），两者是不同层次创新系统之间的关系，是基于产业集群的区域创新系统的内部关系。

一、产业集群与区域创新系统的地域关联

产业集群的空间特性仍是一个有争议的议题。波特的概念十分强调集群的地理邻近性，认为集群是指在某一特定区域中出现的企业及其相关机构的群体。这一点得到了产业集群研究学者的认同。但在研究不同地区、不同类型的产业集群时，人们对产业集群的空间特性又产生了不同的认识，造成了一定程度上的混乱。

异议之一出现在对高技术集群或技术型集群空间性的讨论之中。Green 等人在研究爱尔兰的 ICT 集群时指出，在全球范围发展的背景下是否存在国家的或区域的技术集群是一个值得讨论的问题，ICT 集群是无边界的。但他们的研究显示了爱尔兰的 ICT 集群在没有国际著名 ICT 企业的背景下从实施外向型发展战略起步，通过引导 ICT 企业的根植化并发展本土企业得到发展，最终建立起本地集群的发展历程。Larosse 等人在研究了弗兰德斯的 ICT 集群后认为存在一些

地方集群，但这些集群同时具有全球化现象，可以将这类集群称为“全球—地方模式”（global-local paradox）。美国加利福尼亚的硅谷可以视为一个完整的ICT集群，但其他国家模仿硅谷建立的ICT集群则很少在其国内拥有完整的价值链，大部分这类ICT集群仅专注于ICT产业中某一专门化领域，是不完整的集群。① 造成对产业集群的空间特性认知出现异议的原因是：随着经济、科技全球化的推进，产业集群融入全球价值链和知识网络变得日益重要，产业集群本地网络与全球网络的联结日益紧密，纯粹的地方化集群或马歇尔产业区越来越少，进而导致人们对产业集群地域性（即产业集群是某一地域范围内的企业及相关机构群体）认识的怀疑，认为产业集群已经超越了区域层面。这在高技术产业集群，如ICT集群中尤为明显。

异议之二来自产业集群边界与区域行政边界的不对应。这是因为产业集群的边界取决于集群内企业和机构的联系及相互作用，表现在空间上有可能是在某一行政区域范围内，但也有可能是跨行政区域。也就是说，产业集群的边界是模糊的，更多的是一种功能区域的概念。相反，由于区域创新系统的构建多由政府倡导并实施，区域创新系统的空间范围往往与行政区域相一致，其边界是明晰的。

我们认为，就产业集群的空间特性而言，有三点是需要肯定的：①其地理的邻近性或地域性是应该坚持的特性。产业集群应该是在某一地域范围内聚集的企业及其相关机构的群体，类似于ICT集群的国际性在某种意义上是产业链在国际上的延伸，最多是一种生产的国际网络，不能将这种产业链或生产网络与产业集群混为一谈。实际上全球价值链与地方产业集群的关系能很好地说明产业集群空间性的这一特点。价值链的概念源自波特提出的价值链理论，是指从产品的设计到生产、销售直到最终消费使用这一过程中所有创造

① Pim Den Hertog, Svend Remoe. *Innovative Clusters: Drivers of National Innovation Systems* [R]. OECD, 2001. 409.

价值的活动。全球价值链（Global Value Chain，GVC）将视角延伸到全球范围，是指在为实现商品和服务价值而联结的整个产业链条价值实现的过程中，从研发、制造、营销、消费到最后循环利用等各种增值活动。在经济全球化背景下，全球价值链中各个价值环节被片断化（fragmented），导致各个价值环节在全球空间上呈现离散的分布格局。但被片断化后的各个价值环节一般都具有高度的地理集聚特性，在全球的某一区域形成地方产业集群。正是各个价值环节的地理集聚特性使得很多地方产业集群成为全球价值链的一个从属部分。②产业集群的地域性并不排斥产业集群的开放性。无论是哪种类型的产业集群，在其聚集在某一地域，带有明显的地域根植性的同时，随着经济、科技的全球化，其市场、技术往往是国际化的。因此，产业集群的本地网络与全球网络的链接，在经济、科技全球化日益深入的今天具有越来越重要的作用。③产业集群与行政区域之间的关系受产业集群、区域规模的影响。产业集群的规模越大就越可能是跨行政区域分布，行政区域的等级越高、范围越大就越可能包含多个产业集群。产业集群强调的是集群内企业和机构的相互联系与相互作用，其空间范围取决于企业和机构之间的经济、技术联系，其边界是模糊的。行政区域是一种具有明确界线的区域。行政区域与产业集群的关系是复杂多样的，对于某一具体级别的行政区域而言，有可能是某一行政区域内存在多个产业集群，也有可能是产业集群跨越了行政区域。但从上一级行政区域的角度看，跨行政区域的产业集群仍然分布在上一级行政区域的范围内。在这种意义上，我们认为就产业集群与行政区域的关系来看，行政区域包含产业集群是一种常态。另外，还应看到，我们是从区域经济发展的角度研究产业集群与区域创新系统，目的是构建能促进产业集群发展的区域创新系统，以提升产业集群的竞争力，保持区域经济的持续稳定发展，研究的是某一行政区域范围内的产业集群。因此，在两者的关系上一般取行政区域包含产业集群。正如 OECD 的报告中所说的，区域由少数的地方集群组成，这些集群根植于区域之中，共享区域基础设施和文化。①

二、产业集群与区域创新系统的目标关联

区域创新系统的主要功能是促进区域内知识和技术的生产、扩散和应用。产业集群实现创新的主要途径是建立有效的创新网络，利用知识和技术在集群与本地内的外溢。从这一意义上讲，产业集群和区域创新系统在促进知识流动和技术扩散上的功能具有很大的重叠性。区域创新系统强调要促进本地创新主体（企业、高校、科研院所、中介机构等）的互动，并通过促进创新主体的良性互动进而对产业集群发生作用。产业集群内部的技术创新和扩散也是企业互动作用的结果。因此，促进区域内的知识流动和创新主体互动是区域创新系统和产业集群的共同功能。

区域创新系统建设的直接目的是促进创新资源的有效配置，促进产业的创新和发展，最终目的是提高区域创新能力，形成区域竞争优势。产业集群是区域经济的载体。构建产业集群创新系统的直接目的是促进产业集群的技术能力积累，以提升产业集群的竞争力，促进产业集群的持续发展。而作为区域经济载体的产业集群，其竞争力的提升和持续发展恰恰是区域竞争力提升和持续发展的重要途径。因此，在发展目标上两者是一致的，都是为了提高区域竞争力，实现区域经济的持续发展。

---

① Pim Den Hertog, Svend Remoe. *Innovative Clusters*: *Drivers of National Innovation Systems* [R]. OECD, 2001.8–9.

第二节　基于产业集群的区域创新系统模型

基于产业集群的区域创新系统是一个由企业创新系统、产业集群创新系统组成的三级系统。企业创新系统是基础，产业集群创新系统是核心，三级系统之间的耦合是关键。

一、模型框架

创新系统是基于互动性创新和创新网络而提出的概念，包含不同的层次，大到超国家层次的创新系统和国家层次的创新系统（国家创新系统，NIS），中到区域层次的创新系统（区域创新系统，RIS），小到企业层次的创新系统（企业创新系统，EIS）。其中，企业创新系统是创新系统中的基层组织，而集群层次的创新系统（集群创新系统，CIS）介于企业创新系统和区域创新系统之间。

基于产业集群的区域创新系统是一个由企业创新系统、产业集群创新系统组成的三级系统。企业创新系统是基础，产业集群创新系统是核心，三级系统之间的耦合是关键。围绕集群建设区域创新系统是基于产业集群的区域创新系统与一般区域创新系统的最基本不同之处。

企业创新系统是区域创新系统的基础组织，产业集群创新系统是介于企业创新系统与区域创新系统之间的中间层次，产业集群创新系统是区域创新系统的重要组成部分。区域创新系统由不同的产业集群创新系统和区域创新基础设施、区域创新政策、区域创新文化等区域创新环境共同构成，产业集群创新系统嵌入区域创新环境中。即产业集群创新系统和区域创新环境共同构成区域创新系统。

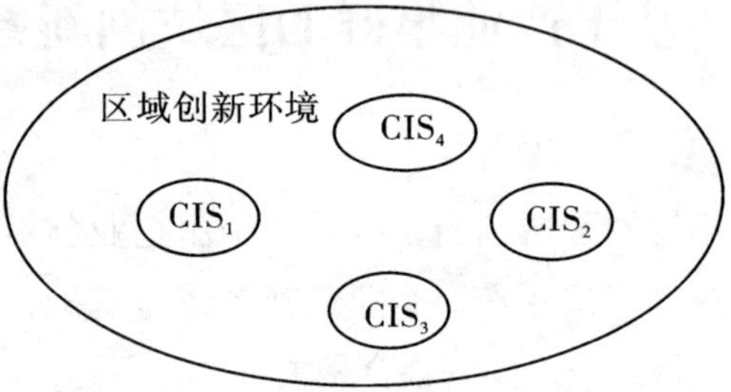

图 7－1　基于产业集群的区域创新系统示意图

二、企业创新系统与产业集群创新系统

关于企业创新系统的研究始于熊彼特的创新理论，由新熊彼特学派完成。尽管包括新熊彼特学派在内的创新理论研究者们没有把企业创新系统作为一个重点命题来研究，但他们研究的视角本身就已强调微观创新系统的分析。

根据熊彼特的理论，创新就是“建立一种新的生产函数，即实现生产要素的一种从未有过的新的组合”。创新包括产品创新、工艺创新、市场创新、组织创新等方面的内容，其中的产品创新和工艺创新等技术上的创新称为技术创新，常常简称为“创新”。技术创新是从新产品、新工艺设想的产生、研究开发、工程化、商业化生产到扩散的一系列活动，其最终目的是技术的商业化应用和创新产品的市场化。技术创新的一系列活动涉及企业价值链的各个方面，企业各个部门共同参与技术创新活动，在技术创新活动中实现集成、协调、配合，构成了企业技术创新系统，简称企业创新系统（见图 7－2）。

国内学者对企业创新系统也进行了很多研究，如许庆瑞（2000）

认为，企业创新系统包括 R & D、生产制造、市场营销界面系统，以及企业家精神、研发体系、资金供应、创新文化、企业制度、创新管理工具、教育培训和人力资源等要素。

在企业创新系统中，研发部门、生产制造部门、营销部门是三个核心环节，它们之间的相互连接和有效整合是企业创新系统高效运行的关键。根据美国技术管理专家桑德（Souder）进行的实证调查，当研发与市场营销界面上存在严重的管理问题时，68% 的研发项目在商业上会完全失败，21% 部分失败。1994 年的一项相关研究也表明，当研发与生产界面上存在严重的管理问题时，约有 40% 的研发项目在技术上不能成功，而在技术上获得成功的项目中，又约有 60% 在经济上不能获利。

企业中的研发机构是企业创新系统的执行主体。随着技术创新模式的转变，与产品需求密切相关的市场营销部门以及实现研发机构技术创新思想的生产制造部门与研发机构之间的密切交流成为企业技术创新成功的重要前提。因此，企业的研发机构与市场营销、生产制造共同构成了企业技术创新系统的核心。企业技术创新活动要取得成功，研发、生产制造、市场营销三个核心部门的协调与连接具有十分重要的意义。研发部门与市场营销部门的联系主要发生在创新构思的形成以及创新产品的改善方面。

研发部门与生产制造部门的联系主要发生在产品设计与产品制造的对接上。要实现这三个核心部门的对接与协调，关键是实现部门间的有效沟通，包括人员的交流、信息的交流等。

除了研发、生产制造、市场营销三个部门的协调，企业技术创新活动要取得成功，还需要建立和完善企业创新的内部支撑系统，其关键要素包括企业家精神、财力与人力支撑、企业文化与制度的支持。企业技术创新的三个核心部门与内部支撑系统共同构成企业创新系统（见图 7－2）。

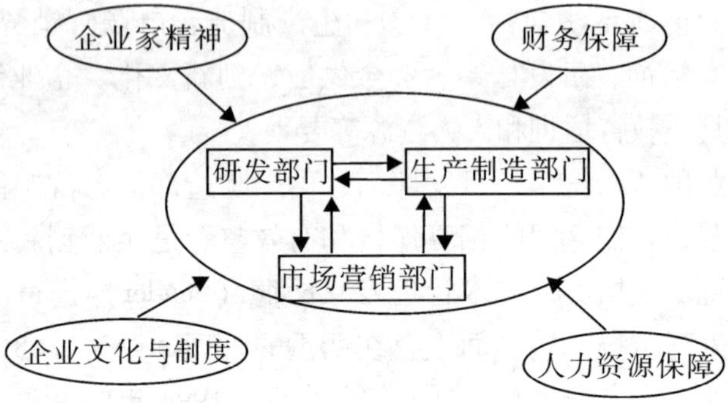

图 7－2　企业创新系统示意图

企业创新系统是产业集群创新系统的基本单位，产业集群创新系统是以企业创新系统为基础构建的，产业集群的创新能力最后是通过企业个体的创新行为反映出来的。产业集群创新系统的建立和完善，从某种程度上讲，是为企业创新系统服务的，集群创新系统为企业创新过程提供了空间。

企业要充分利用产业集群创新系统来构建企业创新系统，这其中包括建立企业自身创新系统和集群互动机制。企业自身创新系统的建立是企业发展战略和能力建设的重要组成部分。其重点，一是企业研发部门的建设和研发能力的提升；二是研发部门与生产制造、营销部门的协调，以及研发、生产制造、营销部门与企业其他支持部门之间的协调。集群互动机制建立的关键，一是找准企业在集群产业网络中的定位，进入集群创新网络；二是充分利用集群创新系统开展集群式创新。

企业在集群创新系统中的地位与作用视集群类型而定。对于围绕核心企业形成的集群来说，核心企业的创新系统在集群创新系统中占有十分重要的地位，是集群的主要创新源和扩散源；对于以众多同类企业组成的集群来说，企业之间的协调、合作则具有十分重要的意义。

三、产业集群创新系统与区域创新系统

OECD 的集群分析与产业集群政策课题组（CACP）在其研究报告中提到的产业集群与国家创新系统的关系，也适用于产业集群与区域创新系统的关系。他们认为，产业集群作为简化了的创新系统，是国家创新系统的组成部分。一个国家的经济由集群组成，所以集群的特征决定了国家创新系统的特征。国家创新系统如何整合产业集群值得深入探讨。借鉴这一观点，我们认为，产业集群创新系统是区域创新系统的有机组成部分，区域创新系统建设的主要功能是通过促进产业集群创新系统的建设和为产业集群创新系统提供创新环境来提升产业集群创新系统的创新绩效。

产业集群创新系统嵌套在区域创新系统之中，产业集群创新系统是由区域创新系统中的核心要素（企业、高校和科研院所）互动而形成的系统，也是区域创新系统的核心组成部分。产业集群创新系统是区域创新系统的组成部分，是区域创新系统的特色所在。一个区域的特色产业及其支持产业中的企业与区域内的高校、科研院所等公共创新机构共同组成一个个集群创新系统，这些集群创新系统支持着特色产业的发展，同时构成了区域创新系统。此外，区域创新系统中的公共研发机构、技术基础设施、创新政策等构成了产业集群发展的创新环境，是产业集群创新系统中辅助网络与外部网络的体现。产业集群创新系统的完善依赖区域创新系统的支持，区域创新系统的功能、目的是通过产业集群创新系统来实现的。产业集群创新系统内的企业研发机构、公共机构和专业性的研发机构本身也是区域创新系统的行为主体，而区域创新系统中综合性的公共机构和研发机构则是产业集群发展的外部支撑。因此，与产业集群嵌套在行政区域相对应，产业集

群尤其是产业集群创新系统是嵌套在区域创新系统之中的，两者存在着紧密的结构关联。

四、基于产业集群的区域创新系统的开放性

产业集群创新系统和区域创新系统都是开放的创新系统，其开放性主要表现为两个方面，一是产业链基础上的产业集群创新网络与全球价值链或相关产业技术网络的连接；二是不同层次创新系统基础上的创新网络的连接。

在经济、科技全球化的背景下，地方产业集群嵌入全球价值链并沿着全球价值链向上攀升，成为地方产业集群创新网络开放和地方产业集群升级的重要途径。地方产业集群的升级是指地方产业集群在全球价值链上获取附加值能力的提升。英国 Sussex 大学创新研究小组的学者们（Humphrey，Schmitz，etc.，2000）将全球价值链中的产业升级分为四类：产品性升级（product upgrading）、工艺流程（process upgrading）、功能性升级（functional upgrading）和交叉产业部门升级（inter-sectional upgrading）。其中产品性升级强调产品范围和宽度的拓展，工艺流程升级强调生产效率的提高，功能性升级强调获得新的更高的附加值功能（如设计、营销和品牌），交叉产业部门升级是指将应用于甲种产业的资源转换到乙种产业，并实现升级。台湾地区的 PC 产业集群就是在嵌入全球价值链后，通过产业链建立与全球产业技术网络的连接，以及技术创新能力与水平的升级，在此基础上实现了从 OEM（贴牌生产）到 ODM（原始设计制造）再到 OBM（原始品牌制造）的价值链节节攀升。因此，地方产业集群应嵌入全球价值链，从低成本导向到创新导向，在积累资本和技术的过程中逐步向价值链的高端环节攀升，实现地方产业集群从以产品性和工艺流程升级为

主到以功能性升级为主的转换和升级。①

不同层次创新系统基础上的创新网络的连接，在这里是指在区域范围内完成了企业创新系统与产业集群创新系统连接、产业集群创新系统与区域创新系统连接后，基于产业集群的区域创新系统与更高层次的创新系统，尤其是国家创新系统的对接。

第三节　基于产业集群的区域创新系统的构建

基于产业集群的区域创新系统的构建不同于一般区域创新系统建设之处，一是区域创新系统的构建是基于产业集群的，体现了科技与经济更紧密的结合；二是重点产业集群创新系统的建设是区域创新系统建设的重点；三是区域创新基础设施和创新环境的建设同样遵循产业集群的原则。

一、基于产业集群的区域创新系统构建原则与思路

构建基于产业集群的区域创新系统应遵循以下三条原则：

一是产业集群导向原则。以提高产业集群的竞争力为直接目标来构建区域创新系统，最终目标是通过提高产业集群的竞争力来提升区域竞争力，促进区域经济的发展，其核心是通过产业政策与科技政策的融合，实现经济与科技的结合。因此，在构建基于产业集群的区域创新系统时，首先要做的一项工作是界定所研究区域的产业集群，明确区域创新的重点支持行业与集群；其次要做的一项工

① 梅丽霞，蔡铂，聂鸣．全球价值链与地方产业集群的升级［J］．科技进步与对策，2005（4）．

作是转变区域创新系统构建的思路，加大对以产业集群为基础的创新机构和创新项目的支持。因为到目前为止，我国的国家创新系统和区域创新系统建设的重点是科研院所和企业研发机构的建设，而对科技中介服务机构、产业集群技术创新平台等促进创新网络形成和运营的机构建设的重视不够，对产业集群的共性技术开发的支持也不够。

二是区域性原则。不同的区域拥有不同的产业集群，不同产业集群的创新系统各不相同。构建基于产业集群的区域创新系统的关键是完善区域内的产业集群创新系统，并实现区域内产业集群创新系统与综合性的公共研发机构和中介机构的良性互动，须针对区域内产业集群创新系统的特点与要求来构建区域创新系统。根据区域内产业集群创新系统的不同特点，基于产业集群的创新系统有不同的类型，如以企业研发机构建设为重点的区域创新系统、以公共技术支撑建设平台为重点的区域创新系统、以创新政策为重点的区域创新系统。为此，构建基于产业集群的区域创新系统的第二项重要工作是研究区域重点产业集群创新系统的特点，尤其是重点产业集群创新系统内部的创新机制，在此基础上确定重点产业集群创新系统建设的关键。

三是企业与政府互动原则。企业是产业集群的主体，也是产业集群创新系统的主体，但政府对产业集群创新系统中的专业性公共机构和区域的综合性公共机构建设、创新环境建设等方面具有重要作用。企业、政府以及公共机构的互动是产业集群创新系统以及产业集群创新系统基础上的区域创新系统建设的重要环节。鉴于区域创新系统的建设是服务于区域发展目标的政府行为，构建基于产业集群的区域创新系统需要从政府的层面提出对策，包括引导企业完善企业创新系统，扶持集群代理机构建设集群创新平台，引导企业与高校和科研院所合作，建设区域创新基础设施和完善创新政策等。

构建基于产业集群的区域创新系统的关键，一是构建并完善重点产业集群创新系统；二是完善区域创新环境，重点是建设区域创新基础设施和完善区域创新政策。

二、构建重点产业集群创新系统

构建重点产业集群创新系统的关键，一是建立产业集群创新网络，重点是在引导企业尤其是集群中的高位势企业完善企业创新系统的同时，鼓励企业之间的合作创新，建立企业之间的创新网络；二是完善产业集群的创新环境，重点是扶持集群代理机构，支持建设集群创新平台，完善集群辅助网络和集群规制。

之所以重视集群中企业创新系统，尤其是集群中高位势企业创新系统，一是因为企业是产业集群的核心载体，二是因为高位势企业是集群中接收外部技术的重要载体，也是集群内部重要的技术扩散源。集群中企业之间创新网络的建设视集群的产业特性和企业结构而定，以产业链为主导的产业集群的创新网络多是垂直型创新网络，是一种比较稳定的创新网络；以竞争合作互动为主导的产业集群的创新网络多是基于共性技术合作创新的创新网络。

除了产业集群内企业之间的创新合作，产业集群创新系统建设中的另一重点是产业集群技术创新支持系统的建设，其重点是产业集群共性技术支持平台、产业集群信息平台与监控体系的建设。

产业集群共性技术支持平台的建设对产业集群整体技术创新具有十分重要的作用。因为从技术的层面看，产业技术可分为共性技术和关键技术。共性技术不同于关键技术的主要之处在于，共性技术是产业内相互竞争的企业共同使用的产业技术，具有共用性、外部性、基础性等特点。集群中企业创新系统，尤其是集群中高位势企业创新系统的技术创新主要是围绕着企业的核心技术或关键技术展开的，共性技术因为其所具有的外部性特点而成为一种公共物品。企业对共性技术创新的投入和产出往往不足，需要政府加以干预，从集群的支撑层面重点建设，为产业集群的整体创新提供环境。

一般而言，产业共性技术有五种供给方式：一是由政府牵头组织企业、高校、科研院所等开展科技项目攻关，创新成果为企业所用；二是由政府资助设立科研机构（如国家层面的国家工程研究中心和行业共性技术基地、地方层面的企业工程技术中心等）进行研究；三是由大学或非营利机构承担；四是由企业自主组成联合体合作研发；五是完全由单个企业供给。①

从我国目前产业集群发展实践的角度看，产业集群共性技术支持平台的主要形式有三种：一是由企业与集群内外高校和科研院所自主组成的创新网络；二是由集群内的公共服务机构承担的技术支持平台，包括依托高校和科研院所建设的共性技术支持平台，独立设置的以共性技术开发和服务为主要职能的科技中介服务机构、综合性技术服务机构、专业孵化器等；三是由集群内高位势企业承担的企业工程技术中心。其中，高校和科研院所是集群创新系统中企业的重要创新源和创新能力支撑，也是公共创新平台建设的主力军，担任着集群创新供给者的角色。

在建设产业集群技术创新平台方面，广东省作了有益的尝试。

为了解决产业集群中科技创新能力不足的难题，广东省科技厅从1998年开始了基于产业集群的科技创新试点工作，其核心内容就是帮助产业集群建设一个高效实用的技术创新平台。搭建产业集群技术创新平台的第一步是“组核心”——重点建设技术创新中心、生产力促进中心，使它们成为平台的核心，用以整合利用资源。而后在这个核心的基础上，构筑社会化的科技服务网络。这个网络可

① 李纪珍．产业共性技术供给体系［M］．北京：中国金融出版社，2004.

以是实体的，也可以是虚拟的。同时要帮助企业建立依靠科技推动发展的动力机制。通过这个网络与机制，发挥中介作用，疏通人才、成果与信息的引入、应用与实施渠道。①

北京市科委组织建设的北京软件产业基地公共技术支撑体系则为产业集群的技术平台建设提供了一种新的模式。北京公共技术支撑体系由基于 IT 宽带网的“三库四平台”构成，包括软件工具库、开放源码库、软件构件库、综合服务管理平台、软件质量管理平台、软件开发试验平台、软件测试平台。北京公共技术支撑体系的建立为北京软件产业基地各软件企业的开发和科研提供了一个先进、开放、配套的技术平台。作为软件企业的专业孵化器，公共技术支撑体系的目标是帮助企业提升软件开发和科研能力，将北京地区的软件企业连接发展成最大规模的虚拟基地。②

除了致力于产业内共性技术开发的产业集群共性技术支持平台，产业集群的整体创新还需要产业市场、技术信息等的支持。因此，由集群代理机构承担建设的集群信息支持平台和市场服务体系的建设，同样具有重要的作用。

三、建设区域科技基础设施

科技基础设施包括用于科技研发的各种硬件（实验材料、仪器、设备、设施等）和软件（计算机软件、数据、文献等），及其技术支撑、服务与研究空间等物质条件和信息条件。科学和技术研究工作依赖于科技基础设施，没有现代化的科技基础设施，科技水平也难以提高。为了改善科技基础设施条件，国家制定了《2004—2010年国家科技基础条件平台建设纲要》和《“十一五”国家科技基础

① 钱平凡．基于产业集群的我国科技创新的战略研究［J］．中国科技论坛，2004（1）．
② 卫亮亮．公共技术支撑体系孵化中国软件［N］．经济参考报，2004－11－25．

条件平台建设实施意见》，一些区域也相应出台了建设的措施，如上海市就实施了科技公共服务平台建设工程。国家科技基础条件平台建设的重点是建设六大平台：研究实验基地和大型科学仪器设备共享平台、自然科技资源共享平台、科学数据共享平台、科技文献共享平台、成果转化公共服务平台和网络科技环境平台。上海市的科技研发公共服务平台则由十个子系统构成：科技文献服务系统、科学数据共享系统、仪器设施共用系统、资源条件保障系统、试验基地协作系统、专业技术服务系统、行业检测服务系统、技术转移服务系统、创业孵化服务系统、管理决策支持系统。

从以上的介绍中我们可以看出，科技基础设施可以分为两类：一类是包括科研设备、科学数据、科技文献、网络科技环境等的科研基础条件，也可以称为狭义的科技基础设施；另一类是服务于技术创新成果转化的机构与设施，包括服务于技术转移的科技中介服务机构和服务于科技成果产业化的创业孵化机构与设施。不同的区域因其区域范围的不同和科技、经济系统的差异，其区域科技基础设施建设的内容和重点也各不相同。

区域创新系统中狭义的科技基础设施建设的重点是，对现有的科技设施、自然科技资源、科技文献和科学数据进行系统优化，加强以资源共享为核心的制度建设，形成功能齐全、开放高效的网络化科技基础平台。

区域创新系统中科技园区和园区中的企业孵化器，为创新企业提供了各种创新、创业服务，从而成为区域创新基础设施的重要组成部分，尤其是专业孵化器，更是相关产业集群的重要技术平台，也是科技园区中的重要创新基础设施。

对产业集群的发展来说，区域科技基础设施除了上述狭义的科技基础设施、科技园区和孵化器外，还包括区域创新系统中的研发体系和教育与培训体系。对产业集群来说，区域创新系统中的研发机构和教育与培训机构具有双重意义。上述机构中的专业性机构往往是产业集群的技术创新平台中的重要成员，而这些机构中的综合性机构则是区域创新系统的重要成员，它们构成产业集群的外部网络与环境。另外，从技术层面看，这些机构中从事产业内共性技术的部分是产业集群创新系统的组成部分，而从事产业间共性技术和竞争前技术乃至基础研究的部分是区域创新系统的组成部分，构成产业集群的区域创新环境。同样，与产业集群相对应的教育与培训机构是产业集群创新系统的组成部分，而综合性的、共性的教育与培训机构或专业性教育与培训机构中的其他专业部分，则是产业集群发展的区域创新环境。

因此，基于产业集群中的区域创新系统建设，上述机构的建设也需要“两条腿”走路，一要以产业集群为导向，强化相关技术领域专业性的研发机构、专业孵化器、教育与培训机构的建设；二要从区域整体发展、长远发展的角度出发，培育综合性的机构。从技术层面看，关键技术、专有技术和核心技术的创新主要由企业创新系统来完成，其主要动力是市场竞争的压力，政府的支持仅在这些技术的创新影响到区域产业的整体发展时才是合适的；产业内共性技术，尤其是产业内共性技术与关键技术的交叉部分的技术创新，由于其同时具备了共性技术的外部性、基础性和关键技术对产业发展的重要作用，因此它应是政府重点支持的产业集群创新系统的技术创新领域；产业间共性技术由于关系到区域内各种产业技术水平，对区域产业发展具有重要作用，是区域创新环境的重要内容，应是政府支持的区域创新系统的技术创新领域。竞争前技术和基础研究对区域科技发展潜力有重要影响，因此它同样也是政府支持的区域创新系统的创新领域。

对于教育与培训机构来说，基于产业集群的区域创新系统建设的重要思路就是创建服务型区域教育体系。教育具有服务功能，要强化教育服务的观念，增强教育服务于经济社会的能力。服务型区域教育体系的主要内容可以概括为形成三大体系、提升三大能力。即形成比较完善的应用型人才培养体系，提升教育的人才支撑能力；形成运转顺畅的产学研结合体系，提升教育的知识贡献能力；形成形式多样的教育培训服务体系，提升教育的学习服务能力。①

四、完善区域创新政策

随着技术创新在提升企业、区域竞争力中作用的显现，公共政策领域出现了从科技政策到创新政策的转变。同时，随着国家创新系统研究的深入，出现了系统视角的创新政策。有学者认为，我国创新政策的核心内容包括三部分：一是面向创新主体，重在激发创新主体的活动、增强创新能力的政策；二是面向创新界面，重在加强交互作用、促进创新扩散的政策；三是面向创新基础设施，重在为创新活动提供宏观环境支撑的政策。② 随着产业集群在提升企业、区域竞争力中作用的显现，一些国家和地区，尤其是 OECD 的部分成员国政府把集群当作一种政策工具，取代传统产业政策，以此来刺激所在地区的技术创新和提升区域竞争力，集群政策因此得到了广泛的重视。基于产业集群的区域创新政策是区域创新政策与产业集群政策的集成，是指促进产业集群发展的区域创新政策，是以产业集群为导向的创新政策。

在国外，产业集群政策有两种说法：一是集群政策（cluster policy）；二是基于产业集群的政策（cluster-based policy），但内涵与集群政策相差无几。概括来说两者都是由政府或其他公共主体制定和

---

① 华长慧．构建服务型区域教育体系的思考［N］．光明日报，2005－11－21．

② 徐大可，陈劲．创新政策设计的理念和框架［J］．国家行政学院学报，2004（4）．

实施的，以产业集群为对象的各种政策和措施的总和。① 由于产业集群是由生产网络、知识网络和社会网络共同构成的，所以产业集群政策应该是为产业集群的这三种网络的形成和发展提供政策支持的全面的产业集群政策。② 但从目前产业集群政策的研究和实践最为系统的 OECD 成员国的情况来看，产业集群政策主要是为促进产业集群创新和集群创新系统形成而制定的创新政策。基于这一目的的产业集群政策是产业政策和创新政策的综合与延伸，恰恰是我们所研究的基于产业集群的区域创新系统所需要的区域创新政策。

国外产业集群政策的主要作用有两方面：①解决集群的“市场失灵”和“系统失灵”。“市场失灵”主要表现为集群内共性技术等公共物品性质的技术创新的不足和集群内知识共享和溢出功能的失效等；“系统失灵”则主要指在组织制度设计上的缺陷不能为技术创新提供有效的激励，或者系统的技术能力与需求不匹配，从而限制了创新潜力的发挥（Metcalfe，1995）。国外产业集群政策主要的措施包括：针对市场功能失效，改革竞争规则和管理体制；针对信息失灵，搜集战略性市场信息，进行战略性集群研究；针对共性技术等供给不足，建设公共技术平台，实行技术转移计划；针对集群内各创新行为主体之间相互作用，建立中介机构和网络代理，建立集群网络等。②优化集群动力机制和改善集群环境。Thomas 等（2004）认为，集群政策应该将重点放在优化集群的动力机制上，具体包括：为促进新技术和新企业增长的战略性集群研究，促进市场、技术信息平台建设，以及专门的技术和研究中心建设，促进技术溢出和鼓励风险投资；为建立和完善集群合作网络的中介机构，建设技术合作激励机制。改善集群环境的重点是：改善要素供给，尤其是专业人才要素与资本要素供给；调整政府行为；改善集群的基础

① 刘恒江，陈继祥．国外产业集群政策研究综述［J］．外国经济与管理，2004（11）．
② 陈剑锋．基于产业集群的政策研究［J］．科学学与科学技术管理，2005（5）．

设施。政府行为要随着集群发展的要求改变，集群的基础设施包括电力和交通等工业基础设施及通信、科研机构等知识基础设施。①

综合上述提到的产业集群的政策措施，针对创新的产业集群政策措施主要包括：①集群发展战略研究与集群发展的市场、技术信息平台建设，其目的是提供产业集群的发展导向和相关技术的发展动态以及相关产品的市场信息，服务于整个集群的发展；②集群的技术平台和科研机构等公共服务机构建设，其目的是增强以集群共性技术为主的集群发展的技术支撑；③集群中介机构、科技园区和孵化器等机构和设施的建设以及技术合作激励措施的完善，其目的是建立、完善集群网络，促进知识的溢出，实现知识的共享；④要素培育与集群环境改善，重点是专业人才要素和资本要素的培育，为集群创新和发展创造条件。

在设计和实施产业集群政策时，必须引起注意的是产业集群政策的个性特征，即产业集群政策是随集群的类型与集群的发展阶段而变化的政策。不同的产业集群类型所需要的集群政策相差很大，应针对不同类型的产业集群制定相应的集群政策。创新型集群或高新技术产业集群的相应政策应着重于在技术创新和交流、专业技术培训、高层次人才引进等方面建立企业间的协作网络，并在集群的竞争策略和规划目标上予以指导。传统产业集群的政策应偏向于提供基础设施、公共物品或服务、广泛的职业培训等，具体的集群政策内容应根据不同集群的具体情况而定。在集群的不同发展阶段，集群政策的侧重点应是变化的，以保证集群政策的动态适用性。在集群的诞生阶段，集群政策往往带有传统产业政策的特性；在集群的成长阶段，集群政策往往是产业政策和创新政策的结合，侧重于为集群提供教育和培训服务，引进新技术或鼓励企业技术创新，促

---

① 刘恒江，陈继祥．国外产业集群政策研究综述［J］．外国经济与管理，2004（11）．

进企业间的网络式协作；在集群的成熟阶段，集群政策带有明显的创新政策特征，侧重于鼓励集群加大研发投入，建立集群创新网络和交流平台等；在集群的衰退阶段，集群政策的重点在于规避集群风险。

在具体的操作层面，国内的创新政策主要是通过政府制定科技政策法规和实施科技计划实现的。

法律是创新的重要保障，是创新环境的重要组成部分。我国与创新有关的法律主要是在改革开放之后颁布的，内容涉及科技进步、知识产权保护、科技成果转化、农业技术推广、技术合同、标准化、教育等方面（柳卸林，2000；梁琦，1998），具有以下五个特点：①形成了较为完整的技术创新奖励制度体系，以鼓励科学研究和技术发明创造。②形成了基本配套的保护知识产权的法律体系，以保护知识产权，激励企业和个人技术创新的积极性。③形成了较完整的科技进步和科技转化的法律体系，以鼓励科技成果商品化、产业化，努力推动科技进步。④逐步完善了教育法律体系，重视创新人才的培养。⑤出台了反不正当竞争法和技术合同法等，以维护公平竞争，为企业技术创新创造良好的竞争环境。[①] 其中对产业集群创新影响较大的是与知识产权保护、技术创新激励、竞争环境相关的法律，其关键之处在于这些相关的法律能否得到有效的执行，以及这些法律能否与集群社会网络融合成为集群的规制。

从20世纪80年代初开始，以国家计委、科委、经贸委为代表的政府职能部门组织实施的一系列科技计划，体现了国家科技发展的目标和政策，是政府配置科技资源的重要手段，对全国的科技发展和科技创新起了重要的推动作用。但从产业集群的角度来审视，这些科技计划也存在着一些值得探讨的问题。

① 林迎星．完善我国创新法律体系运作的思考［J］．科学管理研究，2002（6）．

我国主要科技计划概述

计划名称	主管部门	出台年份	主要内容与目的
国家自然科学基金	国家自然科技基金委员会	1986年	面向全国范围内资助基础研究和应用基础研究
国家基础研究重大（攀登）计划	科技部	1991年	选择一些具有重大科学价值或应用前景的项目，组织力量开展基础研究
国家高技术研究发展（863）计划	科技部	1986年	在几个重要的高技术领域，跟踪国际水平，缩小同国外的差距，力争在优势领域有所突破
国家科技攻关计划	科技部	1982年	重大关键技术的研究与开发，提升产业技术水平，支持发展高技术及其产业化
火炬计划	科技部	1998年	促使高技术成果商品化，高技术产品产业化和高技术产业国际化。建设高新技术产业开发区，培育高技术企业
国家重点新产品计划	科技部、国家经贸委	1988年	引导新产品开发
国家技术创新项目计划	国家经贸委	1996年	支持企业和科研院所技术创新活动及重大技术创新项目，提高企业技术创新能力
国家重点工业性试验项目计划	国家计委	1984年	主要支持具有工业示范性的生产线，重点行业和技术领域的工业性试验基地

（续上表）

计划名称	主管部门	出台年份	主要内容与目的
重大技术装备研制和国产化项目计划	国家经贸委	1983年	重大贡献技术装备研制及其国产化
星火计划	科技部	1986年	农村先进适用的科技成果推广
国家科技成果重点推广计划	科技部	1990年	重大科技成果向行业或全国推广
国家重大科技成果产业化示范工程	国家计委	1995年	重点支持列入国家科技计划的重大科技成果产业化项目，形成产业规模
社会发展科技计划	科技部	1996年	主要支持医药、环境、资源等领域的研究开发和产业化、社会发展综合试验区等建设
国家重点实验室建设项目计划	国家计委	1985年	着眼于科技发展的长远储备、高层次的人才培养和高水平反基础研究与应用基础研究
国家工程技术中心计划	科技部	1991年	组建重点行业领域的工程中心，开发适合经济规模生产需要的共性和关键技术

资料来源：根据国家“十五”科技计划体系研究课题组的《国家“十五”科技计划体系研究》（1999年11月）整理。

从技术创新的阶段看，这些科技计划重工程化、基础研究和应用研究，对工程化以后的技术扩散阶段的重视不够；从技术特性看，重竞争前技术、关键技术，对共性技术的关注不够；从计划的载体看，重科技项目、轻机构组织建设。

“十五”期间，科技计划的上述问题得到重视，并有所改善，在国家科技计划中开始加入了对国家创新系统的思考，开始重视环境和组织建设。如国家科技部将科技计划体系调整为“3 +2”，在突出三大国家科技计划（基础研究计划、国家科技攻关计划、高技术研究发展计划）的同时，重视条件和环境建设，将其他的科技计划整合到研究开发条件建设计划和科技产业化环境建设计划中。研究开发条件建设计划，即 R & D 条件能力建设计划，旨在调整、充实、加强国家各类科研基地的科技能力建设，开展基础数据、国家基础标准资源标本等方面的科技基础性工作，为科学研究与技术开发提供共享的资源和条件，为国家科技发展提供有利的条件支撑。下设的子计划包括：国家重点试验室计划、国家重大科学工程、国家工程技术研究中心、中央级科研院所科技基础性工作专项、中央级科研院所社会公益研究专项、国际科技合作重点项目计划、国家软科学研究计划。科技产业化环境建设计划旨在从加强政策环境建设、促进区域经济发展、增强技术服务和交流等方面，促进科技型中小企业的发展，大力发展科技中介服务机构，营造有利于科技成果转化和科技产业化发展的良好环境。科技产业化环境建设计划有以下子计划：星火计划、火炬计划、科技成果重点推广计划、国家重点新产品计划、科技型中小企业技术创新基金、农业科技成果转化资金计划、科技兴贸行动计划、生产力促进中心、科研院所技术开发研究专项资金，并在“十五”计划期间，着重提出建设科技中介服务机构的问题。

受行政体制的影响，我国各地的科技计划往往是在国家科技计划的基础上，结合区域科技、经济发展的特点进行调整，整体框架与国家科技计划相同。基于产业集群的区域创新系统建设需要的是借鉴产业集群政策来调整区域科技计划，在指导思想上确立基于产业集群的科技与经济相结合的思路，突出重点产业集群技术、信息平台建设，以共性技术攻关作为科技计划的重点。

第八章 广东省经济增长要素贡献分析

第一节 理论基础与文献综述

一、经济增长驱动要素的理论分析

将经济投入产出—效果按要素加以量化分析的工具是生产函数，而最为常用的是20世纪30年代由美国经济学家柯布和道格拉斯演绎出的生产函数，通过它可以反映一定经济系统中资本和劳动的配合比例，及其各自对产量的贡献。由于它是一个线性函数，未包含要素生产率贡献，后来的一些研究经济增长来源的经济学家注意到经济增长不仅仅是投入要素的结果。如美国发展经济学家肯德里克首先将经济增长来源归结为两个方面：一是全部要素投入量的增长，二是全部要素生产率的提高。后者是通过将产量和要素投入增长率确定后，用这两者的差额来计算的。后来，丹尼森对肯德里克的观点作了验证。从现有的经济增长理论看，不同时期不同派别的理论对增长来源强调的重点不同。

早期的哈罗得—多马模型强调固定技术系数下资本积累对经济

增长的重要性，但过分夸大资本的作用，忽视了其他要素和社会环境等因素在经济增长中的作用；以索洛为代表的新古典经济增长理论在技术系数可变的条件下，关注了外生技术增长率对经济增长的作用，但没有回答技术进步的原因，并且缺乏将技术纳入经济增长分析系统内的工具；后来发展起来的以罗默、阿罗、卢卡斯等为代表的新增长理论，通过“干中学”等模型将技术因素内生化，并分析了技术及知识、人力资本投资对经济增长的独特效果，探讨了知识外溢、技术扩散、分工及专业化等问题，使理论与实际越来越靠近；另外，旨在研究发展中国家经济增长的发展学派强调高储蓄率是经济增长的前提条件，如罗斯托（Rostow）和赖维斯（Liwis）认为，提高储蓄率是经济由起飞阶段进入持续增长阶段的关键；持结构主义思路的钱纳里强烈关注了经济结构的转变或工业化在促进增长中的作用；刘易斯则以著名的“二元结构”论证了落后国家的工业化进程和相应的经济增长与发展状况。而随着近二三十年来新制度经济学的广泛传播，特别是以诺斯（North Douglass C.）等人对制度在经济增长中作用的研究为开端，新古典政治经济学日益兴起，它将高储蓄率、受教育程度高、技术创新活跃等因素看作与经济增长相伴随的发展表征，而制度才是用来解释经济增长原因的因素（谭崇台，1999）。

纵观经济增长理论的发展演变，可以发现，经济增长的源泉不外乎投入要素增量、要素生产率增长率以及构成经济运行环境和生产要素组合方式的制度创新或制度变迁。而按照马歇尔的划分，投入要素包括资本、劳动、土地和组织（相当于微观层次上的制度），后来，人们按照熊彼特的创新理论，又将技术视为第五个生产要素。因此，最终可将经济增长的来源归为：资本、劳动、土地、技术和制度变迁（包括马歇尔意义上的微观企业组织）以及要素生产率，可进一步归纳为资源禀赋、技术和制度。

二、中国增长的要素分析：文献综述

在1979—1999年，中国经济增长的贡献主要来自生产要素的增加。根据王小鲁（2000）等人的估计，1979—1999年中国经济的实际增长率为8.3%，其中，生产要素增加的贡献率为6.84%；资本投入的增长对经济增长贡献率比改革前提高一倍，由2.55%上升到5.10%。其中，储蓄率提高的因素带动1%，外资投入（不包括生产力与外部效应）带动0.3%，投资效率提高带动1.2%。因此，资本累积的加速对增长的贡献有一半是来自改革带来的效益。劳动力对经济增长的贡献率在改革前与改革时期都约为0.8%。（见表8-1）人力资本的累积在改革期间的平均增长速度为4.7%，比改革前降低0.7%，90年代明显放慢，增长率只有2%（王小鲁，2000）。上述三个要素对经济增长的贡献比改革前提高2.4%，但主要是储蓄率与投资效率提高的贡献，劳动力与人力资本的贡献率正在逐年递减。

此外，自改革开放以来，全要素生产力的提升对经济增长的贡献比起改革前增加1.6%。生产力的提升主要是生产资源优化配置带动的结果。农村工业化和城市化对经济增长的贡献在20世纪80年代相当大，但到了90年代，其重要性却递减。相反，技术与管理的进步在20世纪80年代的贡献率为负数，但到了90年代则成为非常重要的因素。

表 8-1 生产要素的产出弹性和结构变动对中国经济增长的贡献率（%）

	1953—1978 年	1979—1999 年	1979—1990 年	1991—1999 年
GDP 增长率（未调整）	6.10	9.60	9.00	10.30
GDP 增长率（调整后）	4.30	8.30	8.50	8.10
资本	2.55	5.10	4.85	5.45
其中：储蓄		（+1.0）		
资本形成率		（+1.2）		
外资		（+0.3）		
劳动	0.84	0.81	0.99	0.48
人力资本	1.08	0.93	1.32	0.40
生产要素贡献合计	4.47	6.84	7.16	6.33
农村工业化	0.40	0.83	1.09	0.49
城市化	0.17	0.50	0.57	0.40
其他	-0.74	0.13	-0.32	0.88
生产力贡献合计	-0.17	1.46	1.34	1.77

资料来源：王小鲁．中国经济增长的可持续性与制度变革［A］．王小鲁，樊纲．中国经济增长可持续性——跨世纪的回顾与展望［M］．北京：经济科学出版社，2000.46.

王小鲁等人、中国国务院发展研究中心、胡鞍钢（2002）及解三明的研究结果非常相近。根据王小鲁等人的研究，自 1979 年以来，资本投入对中国经济增长的贡献率接近 61%，生产力提高的贡献率为 18%，而劳动力总量扩张的作用只占 10% 左右。综合而言，资本累积是改革期间促进经济增长的最重要因素，约占六成；其次是生产力的提升，占二成到三成；劳动力的贡献只有一成。

展望未来，根据王小鲁等人的估计，今后是否能继续保持较高的经济增长率，主要取决于优化资源配置及提高技术与管理，以提高生产力。资源优化配置的方面包括农村工业化、城市化、城乡人口的流动、产业的调整与非国有部门的成长。根据王小鲁等人的估计，如果投资效率不提高，城市化没有加速、没有技术进步和产业结构调整的制度保障，那么今后20年中国经济的平均增长速度将只有3.8%。

三、广东省经济增长驱动要素分析：文献综述

从不同角度分析经济增长，可以将增长归纳为不同的驱动要素。首先，从国民经济核算的支出法角度看，经济增长成果是由三大需求贡献的，即消费、投资和净出口。常阿平（2005）利用贡献率分析、灰色关联分析和协整分析，研究了广东省三大需求与经济增长的关系。通过对最终消费、资本形成和货物及服务净出口对经济增长的贡献率和拉动系数的测算，得出结论：最终消费对广东经济增长的贡献率远远高于另外两个因素。

我们对广东省改革开放以来的投资率、消费率的数据进行分析，也发现广东省的最终消费对GDP的贡献大于投资和出口。这一状况实际上反映了中国经济增长的大体特征，投资和消费在经济增长中结构性失衡明显。从消费率看，1978年以来，广东省的平均消费率为60.4%；而全国的平均消费率为61.2%，广东省比全国低0.8个百分点。

表8-2　广东省GDP按支出法核算的要素分析

年份（年）	最终消费占GDP比重（%）	资本形成占GDP比重（%）	净出口占GDP比重（%）
1978	64.8	28.2	7.0
1979	67.0	25.0	8.0
1980	72.1	24.5	3.4
1981	67.6	29.5	2.9
1982	67.7	31.0	1.3
1983	69.4	30.0	0.6
1984	66.0	31.9	2.0
1985	65.6	37.8	-3.3
1986	67.7	36.0	-3.7
1987	66.5	35.3	-1.8
1988	64.0	36.0	0.1
1989	63.0	35.4	1.7
1990	59.4	33.2	7.4
1991	58.3	32.5	9.2
1992	57.3	38.9	3.9
1993	53.1	45.2	1.7
1994	54.1	43.9	2.0
1995	55.6	41.5	2.8
1996	55.6	41.7	2.7
1997	56.2	37.4	6.4
1998	55.3	38.5	6.2
1999	55.8	38.4	5.8
2000	55.2	36.1	8.7
2001	54.9	36.3	8.9

（续上表）

年份（年）	最终消费占 GDP 比重（%）	资本形成占 GDP 比重（%）	净出口占 GDP 比重（%）
2002	56.8	35.4	7.8
2003	55.5	38.6	5.9
2004	54.7	39.7	5.6
2005	51.6	37.5	11.0
2006	49.2	36.7	14.1

资料来源：历年广东省统计年鉴。

邓利方、余甫功（2006）利用非参数 DEA-Malmquist 指数法，对广东全要素生产率进行了测算，估算出 1980 年至 2004 年广东省 21 个地级市的全要素生产率增长、效率变化和技术进步率。分析表明，广东经济增长主要是靠要素外延投入来推动的。改革开放初期，广东全要素生产率增长是由技术效率提高引起的，1994 年以后是技术进步推动的，1999—2004 年全要素生产率水平较低。这说明 1999—2004 年这段时期广东的经济增长主要不是依靠技术进步和技术效率的提高来推动的，而是靠其他投入的增加来实现的，这是一种粗放型的经济增长，而不是集约型的经济增长。

而其他人从生产函数角度对广东省要素贡献的分析也表明，广东省经济增长有待从粗放型向集约型转变。吴海民（2006）在引入制度变量的基础上，修正了柯布—道格拉斯生产函数，并将其用于研究资本、劳动、科技和制度要素共同作用下的广东省经济增长，发现从改革开放至 90 年代广东省经历了以“开放化、市场化、民营化”为主要内容的三次制度创新，资本、劳动、科技、制度的产出弹性分别为 0.41、0.43、0.16、0.029，对经济增长的贡献率分别为 58.4%、10.4%、27.5%、3.7%，经济增长的粗放特征较为明显。

第二节 广东省的经济增长动力及源泉

一、模型与方法

美国经济学家道格拉斯与数学家柯布提出的生产函数，将经济数学与模型方法引入了生产分析。50 年代以来，美国经济学家索洛提出了增长速度方程，将制约经济增长的两大源泉，即要素投入的增加和要素效率的提高分离开来，在一定程度上解决了技术进步作用的定量测算问题。60 年代，丹尼森等人提出了增长因素分析方法，将要素生产率的增长进一步分解为资源配置的改善、规模经济和知识进步的作用。经济增长的要素贡献分析往往是研究工业化的重要方面，广东省的经济增长过程实际上就是工业化程度不断提升的进程。从新古典理论的一般均衡分析方法出发，工业化研究的重点是在经济竞争均衡的条件下，资本积累、劳动增加、技术进步等对工业化的短期和长期的作用，以及如何推动工业化过程的渐进、连续演进。而以结构主义的非均衡分析方法为依据，则工业化研究的重点除了要素投入的增加外，还要着力分析产业结构的演变和现状，以及研究与之密切相关的机制转换、体制变革等如何影响工业化过程。可以利用被广泛应用的索洛增长速度方程计算技术进步率，继而测算各要素的贡献率。

根据美国著名经济学家索洛的总量生产函数：

$$Y = F(K, L) \qquad ①$$

Y 表示总产出；K 表示资本投入；L 表示劳动投入；F 表示 K、L

与 Y 之间的函数关系。

假定生产函数为希克斯中性技术下的函数（如果生产函数中技术变化项保持边际替换率不变，而仅仅增加或减少由给定的投入所能获得的产出，那么这样的技术变化是中性的），则生产函数表述为：

$$Y = A(t)F(K,L) \quad ②$$

上式中，$F(K, L)$ 表示投入要素资本 K 和 L 的函数；t 表示时间；$A(t)$ 表示综合技术进步率，是某系统在 t 时期的技术进步水平。

对 $Y=A(t)F(K, L)$ 两边求全导得：

$$\frac{\mathrm{d}Y}{\mathrm{d}t}=\frac{\mathrm{d}A}{\mathrm{d}t}\cdot F(K, L)+A\cdot\frac{\partial F}{\partial K}\cdot\frac{\mathrm{d}K}{\mathrm{d}t}+A\cdot\frac{\partial F}{\partial L}\cdot\frac{\mathrm{d}L}{\mathrm{d}t} \quad ③$$

对上式两边同除以 Y，得：

$$\frac{\mathrm{d}Y/Y}{\mathrm{d}t}=\frac{\mathrm{d}A/A}{\mathrm{d}t}+\frac{\partial Y/Y}{\partial K/K}\cdot\frac{\mathrm{d}K/K}{\mathrm{d}t}+\frac{\partial Y/Y}{\partial L/L}\cdot\frac{\mathrm{d}L/L}{\mathrm{d}t} \quad ④$$

设 $\alpha = \frac{\partial Y/Y}{\partial K/K}$，$\beta = \frac{\partial Y/Y}{\partial L/L}$

α，β 分别表示资本和劳动投入对产出的弹性。

将④式写出离散形式，且取 $\Delta t=1$ 时，则有：

$$\frac{\Delta Y}{Y} = \frac{\Delta A}{A} + \alpha\frac{\Delta K}{K} + \beta\frac{\Delta L}{L}$$

设 $y = \Delta Y/Y$，$a = \Delta A/A$，$k = \Delta K/K$，$l = \Delta L/L$

y，a，k，l 分别表示年产出增长率、年技术进步率、年资本投入增长率、年劳动投入增长率。上式可表述成

$$y = a + \alpha k + \beta l \quad ⑤$$

⑤式就是著名的索洛增长速度方程式，年技术进步增长率可通过方程计算出来。其中，y,k,l 可通过统计资料获得，α，β 值可通过经验法或者回归分析的方法估算出来。

$$a = y - \alpha k - \beta l \qquad ⑥$$

二、要素贡献的衡量指标

（1）各投入要素对经济增长的贡献率（用 E_A、E_K、E_L 表示）。

由⑤式可得到：

$$\frac{a}{y} + \frac{\alpha k}{y} + \frac{\beta l}{y} = 1$$

设 $E_A = \frac{a}{y}$ ⑦；　$E_K = \frac{\alpha k}{y}$ ⑧；　$E_L = \frac{\beta l}{y}$ ⑨

E_A、E_K、E_L 分别表示技术进步对产出增长的贡献份额、资本投入对产出增长的贡献份额、劳动投入增长对产出增长的贡献份额。

（2）各投入要素的年平均增长速度（分别用 a、k、l 表示）。

年平均增长速度一般按水平法计算，是以间隔期最后一年的水平同基期水平对比来计算的。计算从某年到某年平均增长速度，均不包括基期年在内。如 1980—1997 年的年平均增长速度，是以 1979 年为基期计算的。

年增长速度计算公式：　$p = \left(\sqrt[t]{\frac{P_t}{P_0}} - 1 \right) \times 100\%$ ⑩

式中 P_t 为计算期 t 年的数值；P_0 为基期的数值；t 为间隔年数。

（3）技术进步水平［用 $A(t)$ 表示］。

技术进步水平用某年的产出与资本、劳动要素投入的比率表示，技术进步水平的变化反映了生产率的波动，其计算公式如下：

$$A(t) = Y/F(K,L) \qquad ⑪$$

三、资金产出弹性和劳动产出弹性的确定

在应用增长速度方程研究技术进步的作用时，必须确定资金的

产出弹性 α 和劳动力的弹性 β。在其他条件不变的情况下，由资金带来的产值与总产值之比，就是资金的产出弹性；由劳动力带来的产值与总产值之比，就是劳动产出弹性。

生产函数是表示投入与产出关系的函数，常被用来估算 α 和 β 的值。在生产函数的选择上，我们借助广义的柯布—道格拉斯生产函数和利用回归的方法来得到 α 和 β 值。由丁伯根改进的广义的柯布—道格拉斯生产函数得到了广泛应用。其表达形式为：

$$Y = A_t K^{\alpha} L^{\beta} \quad ⑫$$

式中，Y 表示总产出；K 表示资本投入；L 表示劳动投入；A_t 表示 t 时期的技术进步水平；t 表示时间。引入时间因素后，把表示随着时间变化的纯技术进步、管理水平的提高和劳动素质提高等因素归入 A_t 中，即广义的技术进步水平。

将⑫式求对数得：

$$\ln Y = \ln A_t + \alpha \ln K + \beta \ln L \quad ⑬$$

假设规模报酬不变，即 $\alpha + \beta = 1$ 。则⑬式变形为：

$$\ln Y - \ln L = \ln A_t + \alpha (\ln K - \ln L) \quad ⑭$$

在⑭式中，α 根据历年的总产出量、劳动投入量和资本投入量及最小二乘法（OLS）估算出来。

第三节　实证数据分析

一、产出量的确定

产出量一般以产值的形式来表示。根据计算范围和内容的要求，可分别采用总产值、净产值（国民收入）或销售产值的称法。本应采取价格缩减指数对现价的 GDP 作调整，用不变价 GDP 作为产出指标，但考虑到后续指标劳动工资、资本缺乏价格缩减数据，难以换算成不变价，因此我们仍用现价国内生产总值作为产出指标。

二、劳动量的确定

我们采用劳动者人数反映劳动投入量。虽然劳动者人数只说明可能的劳动消耗，而没有反映出劳动年龄、职业以及劳动者工作日长短的差别，也没有反映出工时的损失情况，但是由于统计资料的限制和无法量化等原因，我们采用年全部工资总量。

三、资金量的确定

我们采用广东省全社会固定资本投入额作为资本投入量。

表 8－3　广东省产出、资本和劳动时间序列数据

年份（年）	工资额（十亿元）	固定资产投资额（百亿元）	GDP（百亿元）
1978	3.06	2.72	18.473
1979	3.56	2.83	20.707
1980	7.28	3.83	24.571
1981	4.94	6.04	28.424
1982	5.67	8.47	33.127
1983	6.09	8.87	35.743
1984	7.28	13.04	44.181
1985	8.89	18.46	55.305
1986	10.21	21.65	63.772

（续上表）

年份（年）	工资额（十亿元）	固定资产投资额（百亿元）	GDP（百亿元）
1987	12. 11	25. 10	80. 77
1988	16. 28	35. 36	109. 861
1989	20. 04	34. 73	131. 167
1990	22. 33	38. 15	147. 184
1991	26. 82	47. 82	178. 056
1992	33. 46	92. 18	229. 354
1993	45. 53	162. 99	322. 53
1994	61. 27	214. 12	424. 056
1995	73. 41	232. 72	538. 172
1996	80. 35	232. 76	651. 914
1997	85. 84	229. 81	731. 551
1998	89. 97	266. 81	791. 912
1999	97. 07	302. 76	846. 431
2000	103. 84	323. 37	1074. 13
2001	114. 61	353. 64	1203. 93
2002	130. 63	397. 07	1350. 24
2003	151. 56	503. 06	1584. 46
2004	177. 11	602. 55	1886. 46
2005	208. 56	716. 41	2236. 654
2006	241. 36	813. 24	2620. 447
2007	285. 50	959. 50	3067. 371

数据来源：广东省统计局。

四、实证分析

采用上述数据和模型⑭，运用SAS软件处理，得到以下模型。

$$\ln Y - \ln L = 1.64192 + 0.46449(\ln K - \ln L) + \varepsilon_t$$

(30.74)（8.04）

括号内的数字为 t 检验值，各系数的 t 检验值均大于2，表示系数显著；$R2=0.6977$，调整后为0.687，模型通过检验；Prob（F－statistic）＝0，表明方程显著。这样，取 $\alpha=0.46449$，$\beta=0.53551$。那么广东省1978—2007年的C－D函数为：

$$Y = 1.641926312K^{0.46449}L^{0.53551}$$

Source	*df*	Sum of Squares	Mean Square	*F* Value	*Pr* > *F*
Model	1	1.510 43	1.510 43	64.63	<.000 1
Error	28	0.654 32	0.023 37		
Corrected	Total	29	2.164 76		

Root MSE　　0.152 87　　R－Square　　0.697 7

Dependent Mean　　2.008 11　　Adj R-Sq　　0.686 9

Coeff Var　　7.612 56

Variable	*df*	Parameter Estimate	Standard Error	*t* Value	*Pr* > |*t*|
Intercept	1	1.641 92	0.053 42	30.74	<.000 1
x	1	0.464 49	0.057 77	8.04	<.000 1

利用⑥式分别和⑦、⑧、⑨式计算技术进步、资本投入和劳动投入对经济增长的贡献份额。计算结果如下：

表8-4　广东省的产出、资本和劳动的贡献率（%）

年份（年）	GDP增长率（Y）	资本增长率（K）	劳动增长率（L）	技术进步增长率	资本贡献份额 E_K	劳动贡献份额 E_L	技术贡献份额 E_A
1979	12.09	3.89	16.25	1.58	14.95	71.94	13.10
1980	18.66	35.35	104.81	-53.88	87.99	300.78	-288.77
1981	15.68	57.74	-32.17	6.09	171.04	-109.86	38.82
1982	16.55	40.28	14.76	-10.07	113.08	47.76	-60.84
1983	7.90	4.70	7.34	1.79	27.63	49.76	22.61
1984	23.61	46.96	19.67	-8.74	92.40	44.62	-37.02
1985	25.18	41.59	22.10	-5.97	76.72	46.99	-23.72
1986	15.31	17.29	14.87	-0.68	52.45	52.01	-4.46
1987	26.65	15.94	18.57	9.30	27.78	37.32	34.90
1988	36.02	40.87	34.40	-1.39	52.70	51.15	-3.85
1989	19.39	-1.77	23.12	7.83	-4.23	63.84	40.39
1990	12.21	9.83	11.43	1.53	37.38	50.12	12.51
1991	20.98	25.36	20.11	-1.57	56.15	51.34	-7.49
1992	28.81	92.75	24.77	-27.54	149.54	46.03	-95.58
1979—1992年平均	19.93	30.77	21.43	-5.84	68.26	57.41	-25.67
1993	40.63	76.82	36.08	-14.38	87.84	47.56	-35.39
1994	31.48	31.37	34.57	-1.60	46.29	58.81	-5.10
1995	26.91	8.69	19.81	12.26	15.00	39.43	45.57
1996	21.13	0.02	9.45	16.07	0.04	23.94	76.02
1997	12.22	-1.27	6.83	9.15	-4.82	29.92	74.89
1998	8.25	16.10	4.82	-1.81	90.63	31.25	-21.88

（续上表）

年份（年）	GDP 增长率（Y）	资本增长率（K）	劳动增长率（L）	技术进步增长率	资本贡献份额 E_K	劳动贡献份额 E_L	技术贡献份额 E_A
1999	6.88	13.47	7.89	-3.60	90.89	61.40	-52.29
2000	26.90	6.81	6.97	20.00	11.76	13.88	74.36
1993—2000 年平均	21.80	19.00	15.80	4.51	42.20	38.27	19.52
2001	12.08	9.36	10.37	2.18	35.98	45.98	18.04
2002	12.15	12.28	13.98	-1.04	46.94	61.60	-8.53
2003	17.35	26.69	16.02	-3.63	71.47	49.45	-20.93
2004	19.06	19.78	16.86	0.85	48.20	47.36	4.44
2005	18.56	18.90	17.76	0.27	47.28	51.24	1.48
2006	17.16	13.52	15.73	2.46	36.59	49.08	14.34
2007	17.06	17.99	18.29	-1.09	48.98	57.42	-6.40
2001—2007 年平均	16.20	16.93	15.57	0.00	47.92	51.73	0.35

第四节　研究结论

从模型和测算结果可见：1978—2007 年间，在广东省经济增长中，资本投入每增长 1% 可使经济增长 0.46%；劳动投入每增长 1%

可使经济增长0.54%。期间技术进步对广东省经济增长的贡献份额并不明显。分三个阶段看，1979—1992年技术贡献份额年平均为负；自从邓小平南方谈话后，1993—2000年技术平均贡献份额为19.52%；2001—2007年平均贡献份额为0.35%。在这三个阶段，资本贡献份额分别为68.26%、42.20%和47.92%；而劳动贡献份额分别是57.41%、38.27%和51.73%。显然，广东省经济增长主要由劳动和资本投入拉动，而技术进步的贡献率则有待提高。在资本和劳动要素中，资本贡献尤为明显。但近年来，随着技术效率的提升，技术贡献份额逐渐提高，资本和劳动的贡献份额却在逐渐下降。

参考文献

［1］［挪］埃里克.S. 赖纳特，阿诺·曼·达斯特. 替代性教规：文艺复兴经济学史［A］.［挪］埃里克·S. 赖纳特. 穷国的国富论：演化发展经济学论文选（上卷）［C］. 贾根良等译. 北京：高等教育出版社，2007.

［2］程恩富. 旗帜鲜明地予以抵制和反对新自由主义［J］. 求是，2005（3）.

［3］洪银兴. 从比较优势到竞争优势——兼论国际贸易的比较利益理论的缺陷［J］. 经济研究，1997（6）.

［4］贾根良，黄阳华. 施穆勒纲领与演化经济学的起源［J］. 南开学报（哲学社会科学版），2007（4）.

［5］贾根良，秦升. 中国“高技术不高”悖论的成因及其解决办法的政策建议［J］. 当代经济研究，2009（5）.

［6］贾根良，束克东. 自主创新与国家体系：对拉美教训的理论分析［J］. 天津社会科学，2006（6）.

［7］贾根良，束克东. 19 世纪的美国学派：经济思想史所遗忘的学派［J］. 经济理论与经济管理，2008（9）.

［8］贾根良. 创新体系与东亚模式的精髓［J］. 南开学报，

2001（5）.

［9］刘刚．后福特制与当代资本主义经济制度的演变［J］．安徽师范大学学报（人文社会科学版），2007（3）.

［10］刘志彪，张杰．全球代工体系下发展中国家俘获型网络的形成、突破与对策［J］．中国工业经济，2007（5）.

［11］刘志高，尹贻梅．演化经济学、学术自觉与中国贡献［J］．中国地质大学学报（社会科学版），2009（5）.

［12］梅俊杰．自由贸易的神话：英美富强之道考辨［M］．上海：三联书店，2009.

［13］束克东，黄阳华．演化发展经济学与贸易政策新争论的历史背景［J］．经济社会体制比较，2008（5）.

［14］宋霞．巴西的信息产业政策初探［J］．拉丁美洲研究．2002（6）.

［15］汤林森．文化帝国主义［M］．上海：上海人民出版社，1999.

［16］王佃凯．比较优势陷阱与中国贸易战略选择［J］．经济评论，2002（2）.

［17］王缉慈，李鹏飞，陈平．制造业活动地理转移视角下的中国产业集群问题［J］．地域研究与开发，2007（5）.

［18］王晓蓉．后发展国家创新体系建设的两条道路与经验借鉴［J］．天津社会科学，2005（6）.

［19］杨虎涛，杨威．另类教规：如何另类？能否另类？——演化发展经济学的全球化理论及其可行性［J］．经济社会体制比较，2008（5）.

［20］杨虎涛．演化经济学讲义：方法论与思想史［M］．北京：科学出版社，2011.

［21］尹朝安．现代化赶超中的制度创新：历史考察与理论分析

[D]. 北京：中国社科院博士论文，2002.

[22] 张夏准. 富国陷阱——发达国家为何踢开梯子 [M]. 北京：社会科学文献出版社，2007.

[23] 张夏准. 富国的伪善：自由贸易的迷思与资本主义秘史 [M]. 北京：社会科学文献出版社，2009.

[24] Grabher G. The Weakness of Strong Ties: The Lock-in of Regional Development in the Ruhr Area [A]. Gmot Grabher. *The Embedded Firm: On the Socioeconomic of Industrial Networks* [M]. London, New York: Routledge, 1997.

[25] Grabher. *The Weakness of Strong Ties: The Lock-in of Regional Development in the Ruhr Area* [M]. London, NewYork: Rout ledge, 1993.

[26] Maskell, Anders Malmberg. Myopia, Knowledge Development and Cluster Evolution [J]. *Journal of Economic Geography*, 2007, 7 (5).

[27] Reinert E. S. The Role of the State in Economic Growth [J]. *Journal of Economic Studies*, 1999, 26 (4/5).

[28] Reinert E. S. *How Rich Countries Got Rich . . . and Why Poor Countries Stay Poor* [M]. New York: PublicAffairs Books, 2008.

[29] Yimprasert J., Hveem P. The Race to the Bottom: Exploitation of Workers in the Global Garment Industry [J]. *Norwegian Church Aid Occasional Paper Series*, 2005.